Entre le cœur et la raison :
La querelle du classicisme

Collection « Sagesses d'hier et d'aujourd'hui »
L'histoire de la pensée écrite et racontée par Luc Ferry

Crédits couverture :
Photo Luc Ferry : © Rémy Cortin

Artemisia Gentileschi, *Suzanne et les vieillards*, 1610,
© akg-images/Electa

Projet développé par :
Le Figaro et *Le Point*

ISBN : 978-2-8105-0526-5 (collection)
ISBN : 978-2-8105-0548-7 (volume 22)

Entre le cœur et la raison : La querelle du classicisme

par Luc Ferry

COLLECTION

SAGESSES D'HIER
ET D'AUJOURD'HUI

Transcription réalisée avec l'amicale assistance
d'Alexandra Laignel-Lavastine.

Après vous avoir raconté, dans une dernière leçon, la naissance de l'esthétique, je voudrais évoquer aujourd'hui la passionnante querelle qui en constitue l'arrière-fond et qui est donc étroitement liée à cette histoire : il s'agit de la grande polémique qui, aux XVIIe et XVIIIe siècles, va opposer les partisans du rationalisme cartésien aux tenants de ce qu'on va appeler l'« esthétique du sentiment », ou encore l'« esthétique de la délicatesse ». Cette « antinomie du goût », pour reprendre la formule que Kant utilise dans sa *Critique de la faculté de juger* (1790) pour décrire ce conflit, met violemment aux prises deux camps radicalement opposés quant à la définition de la beauté, deux clans qui vont s'affronter à travers de nombreuses publications, mais aussi à propos de certaines œuvres, musicales notamment, comme nous le verrons dans ce qui suit.

Des clés pour comprendre : protagonistes et contexte

D'un côté, donc, l'esthétique classique, rationaliste et cartésienne, dont les deux théoriciens majeurs sont Boileau, au XVIIe siècle, et Rameau, au XVIIIe (il y en a d'autres, bien sûr, Charles Batteux, par exemple, mais ces deux-là sont particulièrement typiques de l'école classique) ; de l'autre, une esthétique du sentiment, du cœur plus que de la raison, ou, comme on dit à l'époque, une esthétique de la « délicatesse », qui se réclame davantage de Pascal, voire des empiristes et des sensualistes, que de Descartes. C'est la querelle du cœur contre la raison.

Commençons, pour planter le décor, par indiquer quelques-uns des protagonistes majeurs de ce débat.

LE CŒUR CONTRE LA RAISON : LES PROTAGONISTES

Dans le camp des cartésiens, de l'esthétique classique ou rationaliste (nous reviendrons plus loin sur le sens exact qu'il convient de donner à ces termes), il faut d'abord citer Boileau (1636-1711), dont l'*Art poétique* paraît en 1674. Plus qu'un poète, Boileau, même s'il écrit le plus souvent en vers, est d'abord un théoricien, un philosophe qui reprend l'héritage de Descartes pour l'appliquer à la question du beau. Parmi les représentants du classicisme du XVIIe siècle, il faut bien sûr citer les grands auteurs dramatiques, Molière, Corneille et Racine, mais aussi, et peut-être même plus encore, les architectes paysagistes qui sont à l'origine du fameux jardin « à la française », dont le parc du château de Versailles représente l'illustration sans doute la plus emblématique.

Dans le camp de l'esthétique du sentiment et du cœur, du « je-ne-sais-quoi » et du « presque-rien » – pour reprendre les formules de l'époque, formules qui serviront de titre à un célèbre livre de Jankélévitch (1903-1985) –, du côté, donc, de cette esthétique pascalienne plus que cartésienne, sensualiste plus que rationaliste, il faut avant tout citer l'abbé Dominique Bouhours (1628-1702), qui, en 1687, publie un livre qui aura, à l'époque, un retentissement considérable : *La Manière de bien penser dans les ouvrages d'esprit*, que les anticlassiques, hostiles à Boileau, tiendront pour leur bible. Au XVIIIe siècle, et dans le sillage direct de Descartes et Boileau, il faut encore mentionner Charles Batteux (1713-1780), un penseur largement oublié aujourd'hui, mais dont le traité d'esthétique, datant de 1746, *Les Beaux-Arts réduits à un même principe*, titre on ne peut plus cartésien, aura lui aussi un réel écho en son temps. De même que Descartes réduit l'ensemble de la philosophie et de la science à un seul principe – le principe du *cogito*, le fameux « je pense donc je suis », constituant aux yeux de Descartes le modèle de toute vérité –, Batteux entend réduire tous les beaux-arts à l'unique principe de l'« imitation de la nature » (nous y reviendrons, notamment pour préciser en quel sens bien particulier les classiques entendent le mot « nature »).

En face, parmi les tenants de l'esthétique du sentiment, de l'irrationnel davantage que de la raison, de l'obscurité et du mystère plus que de la clarté, nous trouvons, à nouveau, toujours à l'aube du XVIIIe siècle, un abbé, Jean-Baptiste Dubos (1670-1742), à qui l'on doit sans doute l'ouvrage majeur consacré à l'esthétique du sentiment dans le contexte français de l'époque : les *Réflexions critiques sur la poésie et la peinture* (1719). Voltaire le tenait pour le « plus grand livre jamais écrit sur la question de l'art et de la beauté ». Du reste, ce n'est sans doute pas par hasard que les hommes d'Église en tiennent plus souvent pour l'esthétique pascalienne, qui fait place au mystère (aux mystères insondables du cœur), que pour l'esthétique rationaliste des classiques.

> « *L'antinomie du goût met violemment aux prises deux camps opposés : les classiques, rationalistes et cartésiens d'un côté, et de l'autre les partisans du cœur plus que de la raison, les tenants de l'esthétique du sentiment et de la délicatesse, plus pascalienne que cartésienne.* »

Dans les rangs des grands cartésiens, le penseur le plus important, au XVIIIe siècle, est sans nul doute Jean-Philippe Rameau (1683-1764). Il n'est pas seulement le compositeur et le musicien classique que tout le monde connaît. Il était aussi un brillant théoricien et un des plus profonds disciples de Descartes en matière d'esthétique, l'auteur de toute une série d'ouvrages dont le plus connu demeure le fameux *Traité d'harmonie réduite à ses principes naturels.* Nous verrons en quel sens il faut entendre, là encore, comme chez Batteux, cette notion de « principe naturel », cette idée selon laquelle l'art doit « imiter la nature », cette conviction qu'il faut, comme l'écrit encore Molière dans les préfaces de ses comédies, « peindre d'après nature ». Le *Traité d'harmonie* de Rameau date de 1722, il est donc pratiquement contemporain des *Réflexions critiques sur la poésie et la peinture* de Dubos. D'autres ouvrages de Rameau portent également des titres très parlants, comme le *Nouveau Système de musique théorique* de 1726 – l'idée de « système » et le mot « théorique » ayant un poids tout particulier dans cette grande tradition de l'esthétique rationaliste. En 1750, Rameau publie, dans la même optique, sa *Démonstration du principe de l'harmonie.* Là encore, le titre est parlant : il indique à lui seul ce parti pris typiquement classique selon lequel l'art peut relever, comme les mathématiques, d'une véritable « démonstration », cette conviction, que les « sentimentalistes » vont récuser de toutes leurs forces, qu'une « science du beau » est possible. Signalons encore que Catherine Kintzler a consacré à cet aspect de la pensée de Rameau un ouvrage tout à fait excellent, *Splendeur et naufrage de l'esthétique du plaisir à l'âge classique* [1], certainement l'un des plus éclairants sur cette antinomie du classicisme et du sentimentalisme – et ce de manière d'autant plus remarquable qu'il prend, ce qui n'est plus habituel en des temps où le cœur fait davantage recette que la raison, la défense des classiques français.

1. Voir bibliographie.

BREF RETOUR SUR LA NAISSANCE DE L'ESTHÉTIQUE : TOUCHER LA SUBJECTIVITÉ

Qu'on me permette, à ce stade, un bref rappel du contexte qui a présidé à la naissance de l'esthétique – sujet que nous avions examiné dans notre précédente leçon, mais qu'il faut avoir à nouveau présent à l'esprit pour comprendre ce qui va suivre. Je pense à ce moment très particulier où, aux XVIIe et XVIIIe siècles, la réflexion sur le beau va prendre la forme d'une esthétique, c'est-à-dire d'une théorie de la sensibilité (*aisthesis*, en grec), de ce qui touche le goût et la subjectivité humaines – la sensibilité désignant ce qui, dans l'être humain, apparaît plus subjectif ou plus intime que la raison.

La naissance de l'esthétique – le mot, je le rappelle, apparaît pour la première fois dans le titre d'un livre en 1750, l'*Aesthetica* de Baumgarten – marque une rupture radicale avec le monde des Anciens, notamment avec l'Antiquité des Grecs, pour qui la beauté de l'œuvre d'art était une propriété objective, une qualité substantielle, intrinsèque à l'objet beau lui-même : l'harmonie. L'œuvre d'art était en cela conçue comme un *micro-cosmos*, un cosmos en miniature. Les Grecs étaient convaincus que l'ordre du monde tout entier était un ordre harmonieux, juste, beau et bon, l'œuvre d'art ayant vocation à rendre sensible cette propriété essentielle du cosmos qu'est l'harmonie, de l'incarner pour ainsi dire « en petit », dans une statue, une peinture ou un temple.

*« La réflexion sur le beau prend la forme d'une esthétique, c'est-à-dire d'une théorie relative à ce qui touche la sensibilité (*aisthesis*), la part de la subjectivité humaine la plus intime. »*

Avec la révolution esthétique des XVIIe et XVIIIe siècles, on va, au contraire des Anciens, considérer que la beauté n'est nullement une qualité intrinsèque de l'objet, mais qu'elle réside dans ce qui touche la part la plus intime de la subjectivité humaine, à savoir le goût. Par-delà leurs oppositions radicales, que nous allons détailler dans un instant, les deux camps qui s'affrontent dans notre querelle du classicisme et du sentimentalisme s'accordent du moins sur ce point fondamental : pour les uns comme pour les autres, l'essentiel est de plaire, de toucher et d'émouvoir. La formule est répétée à l'infini dans tous les textes de la période, de Molière à Racine en passant par Dubos ou Bouhours, comme dans ce vers – exemple entre mille – extrait du Chant I de l'*Art poétique* de Boileau : « N'offrez rien au lecteur que ce qui peut lui plaire. »

Dans la préface de 1701 à la réédition des *Satires*, Boileau y insiste :

> Un ouvrage qui n'est pas goûté du public est un très méchant ouvrage. Le gros des hommes peut bien durant quelque temps prendre le faux pour le vrai, et admirer des méchantes choses ; mais il n'est pas possible qu'à la longue une bonne chose ne lui plaise [1].

1. Boileau, *Satires*, Préface de 1701, in *Œuvres poétiques*, Firmin-Didot frères, 1853, p. 32.

Le bon sens étant du monde la chose la mieux partagée, selon la fameuse formule de Descartes, le beau, qui n'est finalement, pour les classiques, que la représentation sensible du vrai, doit toujours finir par toucher le public [1]. On est pour ainsi dire aux antipodes du mythe de l'« artiste maudit », du génie méconnu – il faudra attendre l'invention de la « vie de bohème » et des idéologies avant-gardistes au XIXe siècle, où l'essentiel sera moins de plaire que de choquer le public, pour assister à sa naissance. Alors, l'artiste étant, par définition, non pas en phase, mais en avance sur son temps, donc « forcément solitaire » (Schönberg), il pourra se permettre de ne plus plaire au public, voire de ne plus avoir du tout de public – du moins durant le temps de son purgatoire, en attendant la reconnaissance qui viendra, mais seulement plus tard, quand « la masse abrutie du peuple » (Kandinsky) aura enfin rejoint le point qu'occupait, vingt ou trente ans plus tôt, le génie en avance sur son temps. Ce thème parcourra tout le XXe siècle. À la limite, dans la perspective bohème/avant-gardiste, un artiste de génie, un créateur authentique ne saurait avoir de succès. Au XVIIe siècle, on pense encore tout différemment, et que l'on soit un tenant du classicisme ou, au contraire, de l'esthétique du sentiment, on est convaincu, de part et d'autre, que l'essentiel est bien de plaire et que, à la limite, le génie ne se mesure pas à l'absence de public, mais, tout au contraire, à l'ampleur de ce public.

La querelle du classicisme et du sentiment

Mais revenons maintenant à ce qui caractérise au plus profond nos deux esthétiques en compétition et commençons par le rationalisme classique.

Le cartésianisme esthétique des classiques

Qu'est-ce que le classicisme ? D'abord et avant tout, c'est l'idée que l'œuvre d'art est l'incarnation ou la « présentation », comme on dit à l'époque, d'une idée vraie, d'une grande vérité de raison, dans un matériau sensible (la couleur du peintre, la pierre du sculpteur, les vibrations sonores du compositeur). Pour donner tout de suite un exemple extrême et bien « lisible », le jardin à la française illustre, avec ses arbres taillés en losanges, en carrés, en cercles ou en triangles, les vérités de la géométrie. Nous allons y revenir, car l'idée est plus profonde qu'il y paraît sans doute à première vue. Mais c'est en s'appuyant sur cette conception de l'œuvre d'art que le classicisme débouche toujours sur une théorie du consensus, du *sensus communis* : puisque le bon sens, c'est-à-dire, dans le vocabulaire cartésien, la raison commune, celle qui saisit les vérités mathématiques élémentaires, est « la chose du monde la mieux partagée », l'illustration sensible d'une telle vérité de la raison devra nécessairement finir par toucher un public. Si le récepteur est commun à tous, ce qui vient le remplir de façon sensible sera également commun à tous. Dans l'esprit des classiques, il n'y a là, bien sûr, aucune démagogie – comme nous pourrions aujourd'hui le croire, influencés que nous sommes, consciemment ou non, par la tradition de l'avant-gardisme et de la bohème. Il ne s'agit pas de faire de la « soupe populaire », de céder à la vulgarité, mais, au contraire, de toucher ce qui est le plus élevé en l'homme, ce qui est son « propre » par rapport à l'animal, à savoir la raison.

En quoi le cartésianisme est un des arrière-fonds les plus essentiels de l'idée républicaine, de cette *res publica* qui sera bel et bien dominée, jusque dans la culture scolaire de la IIIe République, par la conviction que le beau, le bon et le vrai forment un tout indissoluble. De même que la proposition « deux plus deux font quatre » vaut pour tout le monde, de même que la somme des angles d'un triangle est égale à 180 degrés dans la géométrie euclidienne, une belle musique, une belle poésie ou une belle toile, c'est-à-dire des œuvres qui illustrent la raison morale ou théorique commune à l'humanité, doivent toucher le public. Il n'y a là, contrairement à ce que penseront les avant-gardistes, nul déshonneur, tout à l'inverse. Encore une fois, Boileau, qui a le mérite de mettre les points sur les « i », ne cesse d'y insister : un artiste sans public est forcément un « méchant artiste », un médiocre.

Sa préface de 1701, déjà citée, explicite encore ce cartésianisme esthétique : « Une pensée n'est belle qu'en ce qu'elle est vraie. Et l'effet infaillible du vrai, quand il est bien énoncé, est de frapper les hommes. »

C'est-à-dire de toucher la sensibilité humaine. Boileau n'apprécie rien tant que la clarté cartésienne : rien d'obscur, rien de confus, tout doit être clair et distinct. Voici ce qu'il écrit à ce propos dans l'*Art poétique* :

> Rien n'est beau que le vrai, le vrai seul est aimable ;
> Il doit régner partout, et même dans la fable.
> De toute fiction l'adroite fausseté
> Ne tend qu'à faire aux yeux briller la vérité.
> Sais-tu pourquoi mes vers sont lus dans les provinces
> Sont recherchés du peuple et reçus chez les princes ?
> Ce n'est pas que leurs sons, agréables, nombreux,
> Soient toujours à l'oreille également heureux ;
> Qu'en plus d'un lieu le sens n'y gêne la mesure,
> Et qu'un mot quelquefois n'y brave la césure :
> Mais c'est qu'en eux le vrai, du mensonge vainqueur,
> Partout se montre aux yeux et va saisir le cœur ;
> Que le bien et le mal y sont prisés au juste ;
> Que jamais un faquin n'y tint un rang auguste ;
> Et que mon cœur, toujours conduisant mon esprit,
> Ne dit rien aux lecteurs qu'à soi-même il n'ait dit.
> Ma pensée au grand jour partout s'offre et s'expose ;
> Et mon vers, bien ou mal, dit toujours quelque chose.

En d'autres termes : l'artiste qui dit bien la vérité, qui l'exprime de façon claire et distincte dans un matériau sensible – en l'occurrence le langage poétique, mais cela vaut tout autant pour les matériaux des autres arts –, doit finir par rencontrer un public.

« Si l'œuvre d'art est la "présentation" d'une idée vraie dans un matériau sensible, alors elle devra nécessairement finir par toucher le public. »

L'ART BAROQUE ET L'EMPIRISME OPPOSÉS AUX CLASSIQUES

Le classicisme, qui va devenir, en France, l'esthétique dominante des XVIIe et XVIIIe siècles, va rencontrer très rapidement trois types d'opposants. Ce n'est pas seulement l'esthétique du sentiment et de la délicatesse qui va se révolter contre le rationalisme cartésien à la Boileau, mais aussi l'art baroque et l'empirisme – le jardin anglais étant, comme on sait, en opposition absolue, presque caricaturale, avec le jardin à la française. Il me faut dire quelques mots de ces autres oppositions au classicisme, car elles permettent, pour ainsi dire en creux ou en négatif, de mieux cerner l'essence de l'esthétique classique.

L'art baroque, un art de l'excès

C'est d'abord l'art baroque qui va se révéler, dès le XVIIe siècle, comme un redoutable adversaire du classicisme : il domine le monde artistique portugais, mais aussi l'Espagne, l'Italie et l'Allemagne, quatre pays infiniment plus marqués par l'art baroque que par l'art classique français. Voyez les édifices religieux de Porto ou la bibliothèque de Coimbra, dont l'architecture est splendide, mais voyez aussi les églises du sud de l'Allemagne ou du nord de l'Autriche : elles sont aussi fascinantes par le luxe des matériaux et des couleurs qui assaillent littéralement le voyageur qui pousse leur porte.

Mais qu'est-ce au juste que le baroque et quelle philosophie profonde se cache derrière ce mot étrange, comme derrière les chefs-d'œuvre auxquels il va donner lieu ? Dans les premières éditions du dictionnaire de l'Académie, le terme « baroque » n'apparaît qu'au sens premier et pas encore au sens figuré, artistique. Au sens propre, le mot « baroque » est remarquablement intéressant, puisqu'il vient du mot *barueco*, qui désigne en portugais des perles d'une rondeur imparfaite. Voilà, par exemple, ce qu'on lit à ce propos dans l'édition de 1694 du dictionnaire de l'Académie : « Baroque : adjectif, se dit seulement des perles qui sont d'une rondeur fort imparfaite. Un collier de perles baroques. *Barueco*, perle imparfaite. » La rondeur renvoie bien sûr à la perfection, mais il s'agit d'une perfection rationnelle, d'une des nombreuses métaphores du principe de raison selon lequel rien, dans le monde, n'advient sans raison, sans cause (*nihil est sine ratione*) – une vérité à laquelle les classiques français sont fort attachés depuis qu'elle est déjà formulée d'une certaine façon par Descartes, avec son fameux principe d'inertie selon lequel un corps ne change ni de vitesse ni de direction tant qu'un autre corps ne vient pas *causer* un tel changement. En apparence, le principe nous paraît aujourd'hui d'une infinie banalité. En réalité, il signe à l'époque l'émergence du rationalisme total. Car, si l'on y réfléchit bien, il signifie que, rien n'advenant sans cause ou sans raison, tout est rationnel, explicable, sinon en fait, du moins en droit – en quoi il élimine l'animisme, les forces occultes des alchimistes et l'idée d'une nature mystérieuse qui dominait le Moyen Âge.

« Au sens propre, non figuré, le terme "baroque" est remarquablement intéressant : il vient du mot portugais barueco, *qui désigne des perles d'une rondeur imparfaite. »*

Dans l'édition de 1740 du même dictionnaire, voilà qu'on constate une intéressante évolution, puisqu'il est spécifié cette fois que : « Baroque : se dit aussi au figuré pour irrégulier, bizarre, inégal. Un esprit baroque, une expression baroque, une figure baroque… » Pourquoi cette évolution ? Parce que, entre temps, l'art baroque est né. Mais, si la rondeur de la perle parfaite, par opposition à la perle baroque, est une des nombreuses images du principe de raison suffisante, encore faut-il comprendre pourquoi.

Il faut se souvenir que ce principe est le fondement du rationalisme moderne, le postulat selon lequel rien n'arrive jamais en ce monde sans raison : tout a une cause, une explication, il n'y a pas de mystère dans la nature. Ce principe se trouve formulé pour la première fois par Leibniz, comme un dérivé du principe d'inertie de Descartes. On en trouve cependant une version antérieure, déjà au Moyen Âge, chez Guillaume d'Ockham, à travers la fameuse métaphore du rasoir. Le « rasoir d'Ockham » désigne en effet le principe selon lequel « il ne faut pas multiplier sans nécessité les entités ». Qu'est-ce que cela signifie et quel rapport avec notre moderne principe de raison ou de causalité ? Disons les choses simplement : quand une démonstration mathématique emprunte trop de sinuosités, quand elle fait des détours inutiles, c'est-à-dire *sans raison*, il convient de sortir le rasoir et de couper ce qui est inutile. Dans le baroque, la bulle, l'excroissance sur la perle qui sans cela serait parfaite, renvoie exactement à cette idée : il faut, avec elle aussi, faire fonctionner le rasoir, couper ce qui est inutile, pas rentable, sans raison véritable d'être. On doit à un mathématicien, Fermat, d'avoir exposé, dans son essai *De maximis et minimis*, les principes de la meilleure démonstration mathématique, c'est-à-dire de celle qui ne fait pas, à l'image de la perle baroque, de détours, de sinuosités ou d'excroissances inutiles. La « meilleure » démonstration mathématique, c'est la démonstration la plus rationnelle, celle qui produit le maximum d'effets avec le minimum de principes, le maximum de théorèmes (de propositions démontrées) avec le minimum d'axiomes ou de postulats (de propositions non démontrées). C'est donc la démonstration, comme on dit aussi en rejoignant sans même y penser un certain vocabulaire esthétique, la plus « élégante », c'est-à-dire, à nouveau, celle qui parvient au meilleur résultat sans détours. Car les détours inutiles, encore une fois, sont sans raison et c'est en quoi le « principe du meilleur » constitue bien un dérivé du « principe de raison ».

L'image de la perle baroque renvoie ainsi à une figure mathématique imparfaite, en ce qu'elle comporte des excroissances ou des excès irrationnels. En quoi, par contraste, la figure du cercle illustre le principe du meilleur, la rationalité parfaite, le cercle enserrant le maximum de surface dans le minimum de principes. C'est la figure la plus élégante, celle qui admet le moins de déperdition. On retrouve d'ailleurs cette idée en aérodynamique, où la figure de la rondeur est justement celle qui « n'accroche » pas l'air.

« Le fameux "rasoir d'Ockham" désigne le principe selon lequel il ne faut pas multiplier les entités sans nécessité, les détours ou les sinuosités inutiles dans une démonstration mathématique. Dans ce cas, il convient de sortir le rasoir et de couper ce qui est superflu, sans raison, donc irrationnel. »

Finalement, toutes ces idées se recoupent pour faire de l'art baroque un *art de l'excès*. Voyez ces églises, avec leurs autels qui n'en finissent pas de déborder de luxuriance, avec leurs matériaux peints de bleu, or, rouge ou rose éclatants, leurs décorations qui en rajoutent dans l'ornement à l'infini – sur le plan musical, on a l'équivalent, avec des pluies de triolets, de cadences virtuoses pour le soliste, etc.

Dans la *Critique de la faculté de juger*, Kant, à l'opposé du classicisme français, a dit son admiration pour l'art baroque :

> Là où il ne s'agit que d'entretenir un libre jeu des facultés représentatives (toutefois sous la condition que l'entendement n'en souffre nulle atteinte), dans les jardins d'agrément, la décoration d'un intérieur, un quelconque ameublement choisi avec goût, etc., la régularité, qui se révèle comme une contrainte, doit être autant que possible évitée ; de la procèdent le goût anglais en matière de jardins, le goût baroque dans le domaine des meubles, qui sans doute poussent la liberté de l'imagination jusqu'à se rapprocher du grotesque, mais qui, à travers cet affranchissement de toute contrainte appuyée sur des règles, font surgir l'occasion même en laquelle le

goût peut montrer, dans les productions de l'imagination, sa plus grande perfection [1].

Kant jugeait la stricte régularité de l'art classique desséchante, pour ne pas dire ennuyeuse. Il lui préférait l'inventivité, voire les débordements du baroque qui excitent l'imagination [2], cette imagination dont les classiques se méfient comme de la peste parce qu'ils la tiennent pour la « folle du logis », selon la formule de Malebranche. Que ces excès représentent le contraire absolu des canons du classicisme, c'est là, bien sûr, ce que Boileau avait parfaitement compris – ce pourquoi il ne cesse de stigmatiser cette esthétique du débordement permanent et de l'irrégularité. Voici ce qu'il en dit dans son *Art poétique* :

> La plupart emportés d'une fougue insensée,
> Toujours loin du droit sens vont chercher leur
> pensée ;
> Ils croiraient s'abaisser dans leurs vers monstrueux,
> S'ils pensaient ce qu'un autre a pu penser comme
> eux.
> Évitons ces excès ; laissons à l'Italie
> De tous ces faux brillants l'éclatante folie.

On notera, au passage, à quel point, aux XVIIe et XVIIIe siècles, les querelles nationalistes affleurent derrière les querelles esthétiques : on est à un moment où l'art baroque domine l'Italie, l'Espagne et le Portugal – là où le classicisme est avant tout français. La musique italienne est certainement la plus admirée dans toute l'Europe de l'époque, la musique française restant assez marginale. C'est là, bien sûr, ce qui fait dire à Boileau :

1. Kant, *Critique de la faculté de juger*, trad. Alain Renaut, GF-Flammarion, 1995, I, Première section, p. 222-223.

« laissons à l'Italie/ de tous ces faux brillants l'éclatante folie » – tout en opposant à ces « folies » la raison et la vérité du cartésianisme bien français :

> Tout doit tendre au bon sens ; mais pour y parvenir,
> Le chemin est glissant et pénible à tenir :
> Pour peu qu'on s'en écarte [allusion au baroque], aussitôt on se noie ;
> La raison, pour marcher, n'a souvent qu'une voie.

Par où l'on retombe sur le principe du meilleur : il n'y a qu'une seule démonstration élégante, celle dépourvue de ces sinuosités qui déforment la surface de la perle baroque, sinuosités sans raison, qui contredisent la rationalité parfaite que l'art, comme la mathématique, doit illustrer. Et Boileau poursuit, visant encore l'exubérance baroque :

> Un auteur, quelquefois trop plein de son objet,
> Jamais sans l'épuiser n'abandonne un sujet :
> S'il rencontre un palais, il m'en dépeint la face ;
> Il me promène après de terrasse en terrasse :
> Ici s'offre un perron, là règne un corridor ;
> Là ce balcon s'enferme en un balustre d'or ;
> Il compte des plafonds les ronds et les ovales ;
> Ce ne sont que festons, ce ne sont qu'astragales [1] :
> Je saute vingt feuillets pour en trouver la fin ;
> Et je me sauve à peine au travers du jardin.
> Fuyez de ces auteurs l'abondance stérile,
> Et ne vous chargez point d'un détail inutile.

Ce « détail inutile » est justement ce que l'art baroque privilégie par-dessus tout. À la limite, le baroque ne s'intéresse qu'aux détails inutiles. C'est la

1. Boileau reprend, pour se moquer, ce vers d'*Alaric ou la Rome vaincue* (1654) de Georges de Scudéry.

petite bulle sur la perle de rivière, en effet fort imparfaite, qui la rend charmante. Mais, en dehors du baroque et de l'esthétique du sentiment dont nous allons parler dans un instant, un autre adversaire du classicisme, qu'il ne faut pas confondre avec les deux premiers, même si les points de rencontre sont assez nombreux face à l'ennemi commun (le rationalisme cartésien), est l'esthétique empiriste, voire matérialiste, dont David Hume est le plus illustre représentant.

La théorie matérialiste et empiriste

Nous avons déjà présenté, dans la précédente leçon, le schéma général de la théorie matérialiste et empiriste de Hume. C'est donc seulement de manière très brève que j'en rappelle ici le principe. Elle constitue le symétrique parfait du classicisme cartésien. Dans le classicisme, nous l'avons vu, le beau est défini comme l'incarnation sensible du vrai : il est ce qui touche la raison, l'intelligence ou le sens commun, par l'intermédiaire de la sensibilité. Les grandes vérités de raison étant les mêmes pour l'humanité entière, ce qui plaît à l'un plaira à l'autre, d'où l'universalité du goût et le consensus autour des grandes œuvres.

L'empirisme de Hume part, lui aussi, de l'observation factuelle de ce consensus, mais il l'explique de manière toute différente, voire opposée, à savoir par le fait que l'œuvre d'art touche, non pas une raison commune, *mais des organes sensoriels identiques chez tous les êtres humains*. Au fond, il y a, si je puis dire, un « satellite » commun entre les humains, à savoir le corps, qui est le récepteur de l'art, de la beauté, ce qui est touché par elle. Si bien que si nos sens sont en bon état et s'ils sont, en outre, bien éduqués, la même musique éveillera les mêmes sensations agréables chez tous les individus en bonne santé et pareillement éduqués. De même que presque tous les enfants aiment les bonbons ou les sucreries, de même presque tout le monde aimera Homère, Bach ou Mozart. Au fond, pour les empiristes, ce satellite qu'est le corps relie les humains entre eux, tandis que, pour les classiques, le satellite, c'est la raison.

> *« L'empirisme admet lui aussi l'universalité du beau, mais il l'explique par le fait que l'œuvre d'art touche, non pas la même raison, mais les mêmes organes sensoriels chez tous les êtres humains. »*

Ici et là, nous retrouvons donc une structure explicative, différente, certes, mais analogue, pour rendre raison de l'universalité du goût. Les principes explicatifs diffèrent et même s'opposent, puisque nous avons le corps sensible d'un côté, la raison intelligible de l'autre, mais le résultat, finalement, est le même : on rend raison du consensus qui s'opère autour des grandes œuvres par une structure commune à l'humanité, par des récepteurs communs à tous les humains. Où l'on voit également que l'empirisme est ici un matérialisme dans la mesure où c'est en référence à une structure corporelle, matérielle, qu'il explique l'universalité du beau [**3**].

AU CŒUR DE L'ANTINOMIE DU GOÛT

Laissons maintenant de côté l'opposition empiriste et l'opposition baroque au classicisme pour revenir au contexte français, à cette contradiction tout aussi radicale entre l'esthétique cartésienne de la raison et l'esthétique pascalienne du cœur.

> *« Voilà le côté troublant de nos discussions sur le goût : d'une part, nous savons très bien que nous sommes dans le subjectif; de l'autre, nous ne pouvons nous empêcher d'argumenter et de discuter de nos préférences. »*

Il y a dans ce débat quelque chose de troublant, qu'on doit noter d'entrée de jeu, une dimension que Kant a admirablement comprise et qui tient au caractère finalement assez étrange de nos discussions sur le beau. D'un côté, le fameux adage « à chacun son goût » ou, ce qui n'en est qu'une version plus explicite, la sentence selon laquelle « des goûts et des couleurs, on ne dispute pas » (*de gustibus et coloribus non disputandum est*) semble s'imposer tout naturellement. Selon le lieu commun le plus éculé, le goût serait purement subjectif – de sorte que, à la limite, nous ne devrions pas même en discuter. Pourtant, nous ne cessons d'en parler, de nous disputer à propos d'une pièce de théâtre, d'un livre, d'une musique ou d'une exposition, comme si nous avions malgré tout l'espoir, sinon de démontrer que nous avons raison, du moins d'argumenter ou de convaincre au point de faire au moins partager notre point de vue à d'autres. D'un côté, nous savons très bien que nous sommes dans un domaine subjectif, qu'il n'y a pas de démonstration possible à proprement parler, qu'il est sans doute impossible de démontrer rigoureusement qu'une chose est belle, qu'on a tort ou raison de l'aimer ; mais, d'un autre côté, nous ne pouvons pas, malgré tout, nous empêcher d'en discuter, d'en débattre, de chercher des arguments nouveaux, comme si l'autre ne pouvait pas *ne pas comprendre* ce qui nous a touché ou choqué. Bref, nous nous comportons comme si notre interlocuteur, en tant qu'être humain en général, participait d'une expérience commune, d'une expérience autour de laquelle on devrait pouvoir se mettre d'accord, ne fût-ce que partiellement, ne fût-ce que pour s'entendre sur nos divergences, pour les comprendre même si on ne s'y soumet pas nécessairement, comme on le ferait face à une démonstration mathématique.

De là une conclusion que Kant tirera de nos débats esthétiques, à savoir que le beau n'est réductible ni au vrai (sinon on pourrait démontrer) ni à l'agréable (sinon on ne discuterait même pas : on ne se dispute pas avec quelqu'un parce qu'il n'aime pas le chocolat). C'est justement cette situation, étrangement intermédiaire, du beau qui, selon Kant, va être à l'origine de nos disputes, de l'antinomie du goût entre le classicisme, qui réduit à tort le beau au vrai, et le sentimentalisme, qui le réduit tout autant à tort à l'agréable.

Pourtant, j'y insiste, le beau n'est à l'évidence ni l'un ni l'autre. Si le beau coïncidait avec le vrai (comme le pensent les classiques français), on pourrait aisément prouver qu'une chose est belle. Or, depuis le temps, ça se saurait ! Rameau, pourtant, le pense de toute son âme, mais manifestement il ne parvient pas à convaincre tout le monde sur ce terrain. Les classiques français sont animés de cet espoir, ce qui donne une tournure évidemment dogmatique à leurs aspirations rationalistes. En même temps, on sent bien, ne fût-ce qu'intuitivement, que le beau n'est pas non plus réductible à l'agréable, ni l'esthétique à l'art culinaire. Si quelqu'un n'aime pas les huîtres, vous n'allez pas en faire un plat, ni passer la soirée à le convaincre qu'il a tort. Vous enregistrez l'information et la discussion s'arrête. Vous direz peut-être que c'est dommage, mais guère plus. En revanche, si un de vos invités est passionné d'art contemporain, s'il adore Boulez et Buren et que vous n'y voyez qu'imposture et snobisme, il y a de fortes chances pour que la discussion s'engage, pour que le ton monte et qu'on finisse même parfois par échanger quelques noms d'oiseaux. Ce qui prouve bien, s'il en était besoin, que l'art n'est pas réductible à l'art culinaire, ni le beau à l'agréable, qu'il ne coïncide ni avec la vérité scientifique ni non plus simplement avec ce qui plaît aux sens. De là le caractère troublant de ces querelles esthétiques. Nous verrons dans la prochaine leçon comment Kant apportera à cette antinomie une solution admirable, une perspective qui ouvrira la voie au romantisme ainsi qu'à l'esthétique moderne.

> *« Le beau ne coïncide ni avec le vrai ni avec l'agréable : si le beau était le vrai, on pourrait le démontrer ; et s'il n'était que l'agréable, on ne chercherait même pas à argumenter. »*

Mais entrons maintenant dans le cœur de cette antinomie du classicisme et du sentimentalisme. Pour ce faire, je vous propose de dégager ce qu'on pourrait appeler le « type idéal » de chacun des deux camps, les grands traits qui caractérisent de manière essentielle ces deux théories esthétiques. Nous avons déjà vu, je n'y reviens pas, comment l'esthétique classique assimilait la beauté à l'incarnation de la vérité dans un matériau sensible. Mais de quelle vérité s'agit-il ?

Le beau ou la nature saisie par la raison

Il nous faut, sur ce point, aller beaucoup plus loin que nous n'avons fait jusqu'alors pour saisir de quelle manière admirable cette esthétique classique, que ce soit chez Molière, Boileau ou Rameau, va reprendre à son compte une théorie à la fois platonicienne et cartésienne de la vérité. L'idée qui va la fonder, idée qui vient directement de Descartes, c'est que le vrai réel, la vraie nature, cette « nature » dont nous avons dit que les classiques s'efforçaient de la dépeindre dans le théâtre, la peinture ou la musique, n'est pas la nature saisie par les sens (le jardin anglais), mais la nature saisie par l'intelligence (le jardin à la française). Expliquons-nous.

Considérons, par exemple, le cas de l'eau. Elle peut se présenter sous forme de glace (le glaçon que je mets dans mon whisky), auquel cas elle est dure et rendra même un son si je la laisse tomber sur la table. Mais si je fais chauffer ce cube de glace, il devient aussitôt liquide, il n'émet plus de bruit, et si j'y trempe le doigt, je me brûle au lieu de me refroidir. Entre l'eau glacée et l'eau brûlante, les deux aspects sensibles sont complètement différents, au point que, du point de vue de la sensibilité, il n'y a, à la limite, aucun rapport entre ces deux réalités. Dans ces conditions, où est la vérité de l'eau ? Pour Descartes comme pour Platon, sa vérité n'est pas ce qui est saisi par les sens, puisque, on le voit bien, les sens nous trompent : ils nous font prendre la même eau pour deux réalités différentes selon qu'elle est glacée ou chaude. Non, l'eau véritable et, par extension, la nature authentique en général, ce n'est pas ce qui est perçu par les sens, mais ce qui est saisi par l'intelligence, par la raison. On dirait, dans un vocabulaire plus moderne, mais qui est bien en phase avec la pensée cartésienne, classique et rationaliste de la nature, que la vérité de l'eau, sa vraie réalité, c'est ce que dit la formule chimique H_2O, formule qui n'est ni visible ni tangible, mais accessible uniquement à l'entendement scientifique. H_2O, la vérité de l'eau, donc, c'est ce qui est saisi par l'intelligence derrière les apparences sensibles, c'est ce qui est caché et qu'il faut découvrir, mettre au jour dans l'art.

> *« Le vrai réel, la vraie nature que les classiques s'efforcent de cerner et de dépeindre, ce n'est pas la nature saisie par les sens (le jardin anglais), mais la nature saisie par l'intelligence sous les apparences sensibles (le jardin à la française). »*

Ce que Molière essaie de saisir dans les personnages lorsqu'il déclare qu'il faut « peindre d'après nature », ce qu'il met en scène dans ses comédies, c'est exactement l'équivalent pour les humains de ce que représente ce fameux H_2O pour l'eau, à savoir leur essence, leur nature profonde, qui n'est pas la nature sensible et seulement apparente. Il ne s'agit pas de dépeindre des personnages réels, comme ceux qu'on peut croiser dans la rue, mais d'aller bien au-delà, pour tracer le portrait-robot de ces grands caractères humains essentiels que seule l'intelligence peut saisir à l'état pour ainsi dire chimiquement pur. Aucun être humain ne correspond exactement à Tartuffe ni au malade imaginaire. Quand Molière représente le misanthrope, l'hypocondriaque l'hypocrite, le don Juan, les snobs (les précieuses ridicules), les faux savants (les médecins), etc., il va au-delà du réel sensible pour saisir la nature humaine entendue ici comme une essence, comme quand on parle de la « nature du cercle » pour désigner son idéalité mathématique.

Capter l'essence des choses, leur nature profonde que seule l'intelligence peut saisir par-delà les illusions du monde sensible : tel est finalement l'idéal de tous les grands artistes classiques et ils l'assument clairement. Dans son ouvrage *Les Beaux-Arts réduits à un même principe*, Charles Batteux analyse de ce point de vue le cas du *Misanthrope* :

> Quand Molière voulut peindre la misanthropie, il ne chercha point dans Paris un original dont sa pièce fût une copie exacte : il n'eût fait qu'une histoire, qu'un portrait ; il n'eût instruit qu'à demi. Mais il recueillit tous les traits d'humeur noire qu'il pouvait avoir remarqués dans les hommes ; il y ajouta tout ce que l'effort de son génie put lui fournir dans le même genre ; et, de tous ces traits rapprochés et assortis, il en figura un caractère unique, qui ne fut pas la représentation du vrai, mais celle du vraisemblable [1].

Bref, ce que dépeint Molière, ce n'est pas un misanthrope, c'est *l'essence de la misanthropie incarnée dans un personnage de fiction que seule l'intelligence peut comprendre véritablement.* Il ne dépeint pas un homme empirique (réalité sensible), mais un type humain (réalité idéelle = nature humaine).

1. L'abbé Charles Batteux, *Les Beaux-Arts réduits à un même principe*, in *Cours de Belles-Lettres ou Principes de littérature*, Paris, H. Casterman, 1861, p. 6.

> *« Nul personnage ne correspond exactement à Tartuffe ni au malade imaginaire. Nous sommes en présence de types idéaux, d'essences, de grands traits de la nature humaine que seule l'intelligence peut saisir. »*

Du jardin « à la française » au jardin sensible, empirique, « anglais »

L'opposition entre le jardin anglais et le jardin à la française constitue une illustration parfaite des deux conceptions opposées de la nature qui vont traverser nos deux esthétiques : nature intellectuelle, saisie exclusivement par la raison, d'un côté ; nature matérielle, perçue par les sens, de l'autre.

Le jardin anglais, bien sûr, c'est le jardin sensible, foisonnant, bruissant, odorant, ce jardin mystérieux où l'on aurait envie de se perdre comme dans une forêt vierge. Au contraire, le jardin français incarne ce que Descartes tient pour l'essence la plus intime de la nature, à savoir ce qu'en saisit l'entendement, c'est-à-dire la mathématique, la géométrie. D'où le fait qu'on trouve dans ce jardin français des allées bien droites, des arbustes taillés en forme de losanges, de triangles, de parallélépipèdes, etc. Dans le jardin français, tout est clair et distinct et on n'y court aucun risque de se perdre. Les classiques voient un sommet de beauté et de vérité dans cette représentation géométrique de la nature, là où les partisans de l'esthétique du sentiment et de la délicatesse n'y perçoivent que torture, martyre et déformation du réel sensible par une raison aussi impérieuse que dogmatique.

« Le jardin français, qui saisit l'essence de la réalité par l'intelligence, avec ses allées bien droites et ses arbustes taillés selon des formes géométriques, symbolise cela même que l'art doit illustrer. »

Pourtant, comme le montre Catherine Kintzler dans son livre sur Rameau, le jardin français est, selon un paradoxe que nous pouvons maintenant comprendre, beaucoup plus vrai, et donc beaucoup plus beau aux yeux des classiques, que ce jardin anglais incapable de dépasser les apparences sensibles pour, sortant de la caverne, saisir les vérités de raisons qui sont cachées derrière. Le jardin français, lui, saisit l'essence de la réalité par l'intelligence :

> Le jardin à la française, travaillé, taillé, dessiné, calculé, alambiqué, artificiel et forcé, est finalement, si on veut aller au fond des choses, *plus naturel* qu'une forêt sauvage [plus « naturel » au sens français, au sens philosophique ou cartésien du terme, c'est-à-dire plus vrai]. Il montre aux yeux du corps ce que voient les yeux de la raison, à savoir que la nature des classiques est pensée comme un ensemble de proportions et de mécanismes intelligibles. Le jardinier de Versailles en sait mille fois plus sur la nature que le promeneur ignorant qui s'extasie sur le fouillis de la forêt inculte ; ce jardinier, grâce à son savoir et à son industrie, montre que la nature est belle dans sa vérité et non dans son apparence, et que, pour atteindre cette vérité, il en coûte de la réflexion et du travail. La vérité de l'églantine est d'être une rose, plus belle et plus caractérisée, mais plus difficile à obtenir et à préserver [l'églantine dont il est ici question étant une rose artificielle, travaillée, pour ainsi dire civilisée].

Ce qui donc est offert à la contemplation esthétique, c'est une nature cultivée, maîtrisée, poussée à bout, plus vraie et plus fragile en même temps, parce que l'essentiel ne se dévoile jamais qu'à contrecœur [1].

La formule est particulièrement heureuse : « à contrecœur », c'est-à-dire par la raison, à l'opposé de l'esthétique du sentiment.

L'exemple du morceau de cire

Ce qui est derrière toutes ces analyses classiques, c'est un célèbre passage des *Méditations* de Descartes, ce fameux moment où il analyse les transformations d'un morceau de cire en fonction de la chaleur. On y trouve un condensé de toute l'ontologie cartésienne, le terme « ontologie » désignant simplement ici la partie de la philosophie qui s'attache à élaborer une définition de la « réalité du réel ». Qu'est-ce qui est vraiment réel dans le réel ? Ce n'est ni ce que l'on voit ni ce que l'on touche. Bref, ce ne sont pas nos cinq sens qui nous donnent accès à la réalité du réel, au vrai réel, mais l'intelligence. La preuve ? Voyez ce morceau de cire : elle est d'abord froide et dure, comme notre glaçon de tout à l'heure, mais je m'approche du feu et voilà que la cire devient molle, perd sa couleur et son odeur, devient liquide et brûlante. Dans ces conditions, si tout est changeant au niveau du monde sensible, qu'est-ce qui va nous permettre de saisir la réalité de la cire ? Quelle est donc la faculté qui pourra saisir les invariants sous cette transformation incessante ? Est-ce la

1. Catherine Kintzler, *Jean-Philippe Rameau. Splendeur et naufrage de l'esthétique du plaisir à l'âge classique*, Paris, Le Sycomore, 1983, p. 50.

sensibilité ? Non. Si je n'étais que sensibilité, comme le prétendent les empiristes, je me laisserais tout simplement tromper par le changement d'apparence de la cire. Je croirais qu'il s'agit de deux réalités différentes, alors qu'il s'agit en vérité d'une seule et même réalité. Serait-ce alors par l'imagination que je perçois l'identité de ce morceau de matière plus ou moins molle, derrière les apparences sensibles ? Non plus, puisque, selon Descartes, l'imagination est limitée, incapable d'imaginer une infinité de formes différentes, peut-être dix ou quinze, voire cinquante, mais pas dix mille. Or, la cire peut prendre des millions de formes différentes de manière infinitésimale, ce que l'imagination ne peut pas se représenter. Pour saisir vraiment la multiplicité des variations de la cire lorsqu'elle passe du dur au mou, du froid au chaud et change de formes à l'infini, nous avons besoin de l'entendement.

Seule l'intelligence permet de saisir la vérité de la cire. Et quelle est-elle, cette vérité ? Elle consiste justement dans la géométrie et la mathématique, autrement dit dans le fait qu'elle est susceptible de prendre toutes les formes, de se présenter sous toutes les figures possibles et imaginables – un losange, un triangle, un carré, un rond, une « patate ». Que la cire puisse effectivement adopter des millions de formes distinctes, seul l'entendement géométrique ou mathématique est à même de le saisir parfaitement.

« Seul l'entendement, et non la sensibilité ou l'imagination, permet de saisir vraiment la multiplicité des variations de la cire lorsqu'elle passe du dur au mou ou du froid au chaud, et change de formes à l'infini. »

On voit ce qui relie l'analyse cartésienne du morceau de cire à notre jardin à la française. Ce qu'il met en scène, ce qu'il nous donne à voir et rend sensible, c'est justement cette nature saisie par l'intelligence, cette réalité géométrique qui constitue l'essence du réel, la nature de la nature. En quoi l'artifice peut se révéler « plus vrai que nature », le jardin mathématisé plus vrai et plus réel que la nature sauvage de l'esthétique de la délicatesse, que le jardin bruissant et foisonnant des Anglais.

Et je vous laisse relire, pour le plaisir, ce passage de la deuxième méditation de Descartes, un texte puissant du point de vue philosophique autant que littéraire :

> Prenons pour exemple ce morceau de cire qui vient d'être tiré de la ruche : il n'a pas encore perdu la douceur du miel qu'il contenait, il retient encore quelque chose de l'odeur des fleurs dont il a été recueilli ; sa couleur, sa figure, sa grandeur, sont apparentes ; il est dur, il est froid, on le touche, et si vous le frappez, il rendra quelque son. Enfin, toutes les choses qui peuvent distinctement faire connaître un corps se rencontrent en celui-ci.
>
> Mais voici que, cependant que je parle, on l'approche du feu : ce qui y restait de saveur s'exhale, l'odeur s'évanouit, sa couleur se change, sa figure se perd, sa grandeur

augmente, il devient liquide, il s'échauffe, à peine le peut-on toucher, et quoiqu'on le frappe, il ne rend plus aucun son. La même cire demeure-t-elle après ce changement ? Il faut avouer qu'elle demeure ; et personne ne le peut nier. Qu'est-ce donc que l'on connaissait en ce morceau de cire avec tant de distinction ? Certes ce ne peut être rien de tout ce que j'y ai remarqué par l'entremise des sens, puisque toutes les choses qui tombaient sous le goût, ou l'odorat, ou la vue, ou l'attouchement, ou l'ouïe, se trouvent changées, et cependant la même cire demeure. Peut-être était-ce ce que je pense maintenant, à savoir que la cire n'était pas ni cette douceur du miel ni cette agréable odeur des fleurs, ni cette blancheur, ni cette figure, ni ce son, mais seulement un corps qui un peu auparavant me paraissait sous ces formes, et qui maintenant se fait remarquer sous d'autres. Mais qu'est-ce, précisément parlant, que j'imagine, lorsque je la conçois en cette sorte ? Considérons-le attentivement, et éloignant toutes les choses qui n'appartiennent point à la cire, voyons ce qui reste. Certes il ne demeure rien que quelque chose d'étendu, de flexible et de muable. Or qu'est-ce que cela, flexible et muable ? N'est-ce pas que j'imagine que cette cire étant ronde est capable de devenir carrée et de passer du carré en une figure triangulaire ? Non, certes, ce n'est pas cela, puisque je la conçois capable de recevoir une infinité de semblables changements, et je ne saurais néanmoins parcourir cette infinité par mon imagination, et par conséquent, cette conception que j'ai de la cire ne s'accomplit pas par la faculté d'imaginer [...]. Il faut donc que je tombe d'accord que je ne saurais pas même concevoir par l'imagination ce que c'est que cette cire, et qu'il n'y a que mon entendement seul qui le conçoive [1].

---

1. Descartes, *Méditations métaphysiques*, GF-Flammarion, 2009, Méditation seconde, p. 102-104.

Magnifique leçon de philosophie, d'où il ressort que le vrai réel – la nature authentique, l'essence de la cire en l'occurrence – ne peut être saisi ni par les sens, ni par l'imagination, mais par l'entendement seul. Et c'est cette réalité comprise par l'intelligence que l'art classique français va s'attacher à rendre sensible, à faire voir et toucher – les comédies de Molière, où l'essence de la nature humaine est rendue visible aux yeux de tous, la musique de Rameau, où l'harmonie mathématique règne sans partage, le jardin à la française, où, comme la cire de Descartes, les arbres eux-mêmes se transforment en ronds, en carrés ou en triangles, étant autant d'illustrations exemplaires de cette logique intellectualiste du rationalisme cartésien [4].

L'art comme artifice

Tâchons maintenant d'examiner les conséquences de cette conception classique où l'art devient nécessairement un *artifice*, une construction intellectuelle sophistiquée, puisqu'il ne s'agit plus de copier, d'imiter simplement la nature au sens sensible du terme, au sens où l'entend l'esthétique du sentiment ou le jardin anglais, mais de construire un artefact qui donne accès à la nature véritable. Toute une série d'implications vont s'ensuivre pour former les traits caractéristiques du classicisme, son type idéal.

Quatre traits caractéristiques du classicisme

Le beau obéit à des règles

Première conséquence : le beau doit obéir à des règles. Le beau, c'est la « perfection » entendue en un sens bien précis, comme la réalisation parfaite de certaines règles. Mais lesquelles ? Les règles de la perspective pour la peinture et le dessin, la règle des trois unités pour le théâtre, les règles de la tonalité et de l'harmonie en musique, etc.

> *« Pour les classiques français, on peut démontrer qu'on a raison d'aimer ou de ne pas aimer telle œuvre parce qu'on peut juger de la bonne ou de la mauvaise application de certaines règles. »*

Dans tous les cas de figure, il s'agit d'appliquer des règles. Dans cette optique, le jugement de goût est considéré comme une variante du jugement scientifique. Pour les classiques français, non seulement le jugement de goût est possible, mais il est certain : on peut démontrer qu'on a raison d'aimer ou de ne pas aimer telle œuvre, parce qu'on peut juger de la bonne ou de la mauvaise application de certaines règles [5]. La seule question qui doit compter désormais pour le critique d'art, c'est celle de savoir si les règles ont bien été respectées – par exemple, le théâtre de Hugo fera scandale parce qu'il ne respectera plus la sacro-sainte règle des trois unités. Comme l'écrit Charles Batteux, « les arts ne créent point leurs règles, elles sont indépendantes de leurs caprices et invariablement tracées dans l'exemple de la nature ».

L'art doit donc illustrer des règles naturelles, c'est-à-dire, comme nous l'avons vu, des règles rationnelles. D'où la possibilité d'un jugement de goût certain.

Le rejet de l'imagination

Deuxième trait caractéristique de l'esthétique classique : le rejet de l'imaginaire. Si la fiction garde un certain droit de cité, c'est seulement dans la mesure où elle permet de mieux atteindre la vérité – en quoi l'imagination n'est licite que tenue en laisse par l'entendement. Dans l'esthétique du sentiment comme dans l'esthétique romantique, et cela vaudra jusqu'à Baudelaire et même au-delà, l'imagination est au contraire la « reine des facultés » (Kant). Les classiques n'y voient, comme je vous l'ai déjà dit, que la « folle du logis », la faculté antiscientifique par excellence, donc, pour les raisons cartésiennes que nous avons examinées, une faculté également anti-artistique. Pour un classique, c'est la raison qui crée l'œuvre d'art, pas l'imagination. Et si on recourt à la fiction, c'est seulement dans la mesure où l'artifice, parfois, permet de mieux montrer la vérité.

> *« Dans l'esthétique du sentiment, l'imagination est la "reine des facultés". Les classiques, au contraire, y voient la "folle du logis", la faculté antiscientifique, donc anti-artistique par excellence. »*

La découverte plutôt que l'invention

Du même coup – troisième caractéristique –, le but de l'art n'est pas l'invention, mais la *découverte*, au sens propre du terme : il ne s'agit pas d'inventer quelque chose de nouveau (comme dans l'art de l'imagination, où l'on invente des chimères), mais de *découvrir*, au sens où l'on *dévoile* la réalité, la nature authentique cachée sous les apparences sensibles, tout comme la science dévoile des vérités qui ne tombent pas sous le sens.

On pourrait citer une myriade de textes qui vont dans ce sens, mais restons en compagnie de Boileau, qui, toujours dans la brillante préface de ses *Satires*, se demande ce qu'est une « pensée neuve ». Voici sa réponse, au plus haut point significative de la théorie classique :

> Ce n'est point, comme se le persuadent les ignorants, une pensée que personne n'a jamais eue ni dû avoir ; c'est, au contraire, une pensée qui a dû venir à tout le monde et que quelqu'un s'avise le premier d'exprimer [1].

C'est-à-dire, à proprement parler, de découvrir, de mettre à nu. Il ne s'agit pas de la créer *ex nihilo*, de façon « géniale », il s'agit seulement de dévoiler ce que tout le monde sait déjà. Ce n'est pas l'imagination qui joue le rôle essentiel dans l'art, mais l'entendement, car :

> L'esprit de l'homme est naturellement plein d'un nombre infini d'idées confuses du vrai, que souvent il n'entrevoit qu'à demi ; et rien ne lui est plus agréable que lorsqu'on lui offre quelques-unes de ces idées bien éclaircies et mises dans un beau jour [2].

1. Boileau, *Satires*, *op. cit.*, p. 31.
2. *Ibid.*, p. 30-31.

« L'art n'a pas vocation à inventer quelque chose de nouveau, mais à "découvrir", au sens où l'on dévoile une vérité cachée. »

Pourquoi « mises dans un beau jour » ? Parce qu'il s'agit bien de rendre lumineux, de rendre clair ce qui restait jusque-là confus et demeurait enfermé dans notre cœur plutôt que dans notre esprit, l'artiste étant celui qui clarifie les choses.

L'équivoque et le mystère

Le quatrième trait en découle : à l'inverse exact, comme nous le verrons dans quelques instants, de l'esthétique du sentiment, voire de l'esthétique baroque, les classiques vont rejeter tout ce qui relève de l'équivocité, du mystère, de l'irrationnel dans l'art. Boileau consacre même une de ses satires à tordre le coup à l'idée même d'équivocité. D'ailleurs, note-t-il avec dégoût, le mot « équivoque » peut s'employer au masculin comme au féminin, ce qui constitue d'emblée une ambiguïté déplorable :

> Du langage français bizarre hermaphrodite,
> De quel genre te faire, Équivoque maudite,
> Ou maudit ? car sans peine aux rimeurs hasardeux,
> L'usage encor, je crois, laisse le choix des deux.
> Tu ne me réponds rien. Sors d'ici, fourbe insigne,
> Mâle aussi dangereux que femelle maligne,
> Qui crois rendre innocents les discours imposteurs ;
> Tourment des écrivains, juste effroi des lecteurs,
> Par qui de mot confus sans cesse embarrassée,
> Ma plume, en écrivant, cherche en vain ma pensée.

Refus de l'équivocité, donc, et aversion pour tout ce qui est obscur, comme l'indiquent encore ces vers célèbres :

> Il est certains esprits dont les sombres pensées,
> Sont d'un nuage épais toujours embarrassées,
> Le jour de la raison ne le saurait percer.
> Avant donc que d'écrire apprenez à penser.
> Selon que notre idée est plus ou moins obscure,
> L'expression la suit, ou moins nette, ou plus pure.
> Ce que l'on conçoit bien s'énonce clairement,
> Et les mots pour le dire arrivent aisément.

Tout le monde connaît évidemment la formule selon laquelle « ce qui se conçoit bien s'énonce clairement », mais l'on n'a pas toujours conscience qu'elle constitue une véritable machine de guerre contre cette équivoque si prisée par l'esthétique du cœur. Boileau ajoute :

> Quelque sujet qu'on traite, ou plaisant, ou sublime,
> Que toujours le bon sens s'accorde avec la rime :
> L'un l'autre vainement ils semblent se haïr ;
> La rime est une esclave et ne doit qu'obéir.
> [...]
> Aimez donc la raison : que toujours vos écrits
> Empruntent d'elle seule et leur lustre et leur prix.

Voyons maintenant comment l'esthétique du sentiment, inspirée par Pascal plus que par Descartes, par la logique du cœur plus que par celle de la raison, va s'opposer point par point, en un contrepied parfait, aux caractéristiques du classicisme que nous venons d'évoquer.

L'ESTHÉTIQUE DU SENTIMENT ET DE LA DÉLICATESSE : LE CŒUR CONTRE LA RAISON, PASCAL CONTRE DESCARTES

Cette opposition est particulièrement flagrante sous la plume de l'abbé Bouhours, à qui l'on a beaucoup reproché d'être un précieux ridicule, de trop fréquenter les dames et les petits maîtres. Madame de Sévigné disait pourtant de lui que « l'esprit lui sortait de tous les côtés » et Voltaire, lui aussi, ne tarit pas d'éloges à son propos. Dans son dialogue intitulé *La Manière de bien penser dans les ouvrages d'esprit*, cet abbé « mondain » met en scène deux personnages qui incarnent, jusque dans leurs noms, l'opposition radicale entre l'esthétique du sentiment et les principes fondamentaux de l'art classique. Leurs noms sont, en effet, fort significatifs : le premier s'appelle Eudoxe (*eu-doxe*, qui signifie littéralement, en grec, la « bonne *doxa* », l'orthodoxie, autrement dit le discours des règles, le point de vue triomphant de Boileau et de Descartes) ; l'autre se nomme Philanthe (du grec *philo*, « j'aime », et *anthos*, la fleur). Philanthe est celui qui « aime les fleurs », autrement dit le langage du cœur plus que de la raison. D'un côté, donc, l'orthodoxie rationaliste et, de l'autre, l'amour des fleurs de la rhétorique, en particulier de l'équivoque.

« Philanthe incarne l'esprit de finesse, Eudoxe l'esprit de système. »

Je ne peux résister au plaisir de vous restituer le passage où Bouhours met lui-même en scène l'opposition entre ses deux personnages :

> [Ce] sont deux hommes de lettres que la science n'a point gâtés et qui n'ont guère moins de politesse que d'érudition. Quoiqu'ils aient fait les mêmes études et qu'ils sachent à peu près les mêmes choses, le caractère de leur esprit est bien différent. Eudoxe [c'est-à-dire Boileau] a le goût très bon et rien ne lui plaît dans les ouvrages ingénieux qui ne soit raisonnable et naturel [raison et nature, nous venons de le voir, sont quasi synonymes]. Il aime fort les Anciens [allusion à la querelle des Anciens et des Modernes qui domine le début du XVIIe siècle et dans laquelle, bien sûr, Boileau prend le parti des Anciens], surtout les auteurs du siècle d'Auguste [...].
>
> Pour Philanthe, tout ce qui est fleuri, tout ce qui brille, le charme. Les Grecs et les Romains ne valent pas à son gré les Espagnols et les Italiens [1].

Philanthe, en d'autres termes, sacrilège suprême dans le contexte du classicisme français, ne déteste pas le baroque, l'excès et l'irrationnel dans l'art, à l'opposé de la simplicité et de la rationalité classiques. Philanthe incarne l'esprit de finesse, par opposition à l'esprit de système qui caractérise Eudoxe, l'éloge de l'ineffable, de l'obscurité et du mystère, bref, de la délicatesse, du

1. L'abbé Dominique Bouhours, *La Manière de bien penser dans les ouvrages d'esprit*, Paris, Les Libraires associés, 1771, « Premier dialogue », p. 1-2.

« je-ne-sais-quoi » et du « presque-rien », par opposition à la clarté rationnelle qui « bien ou mal dit toujours quelque chose ». Éloge de l'équivoque d'un côté, haine de l'équivoque de l'autre ; éloge du cœur et de l'imagination ici ; là, éloge de la raison et rejet de l'imagination tenue pour la faculté maîtresse d'erreur et de fausseté. Chez Philanthe, éloge du naturel au sens sensible, du jardin anglais plutôt que du jardin français ; chez Eudoxe, éloge de l'artifice nécessaire à la raison pour dépasser les apparences sensibles [**6**].

L'ARTIFICE

Du reste, l'artifice ne fait pas uniquement référence au jardin à la française, mais aussi à toute cette machinerie qui vient de la physique de Descartes (de son fameux *Traité des engins*, par exemple) et que l'on retrouve dans la représentation théâtrale de l'opéra, avec ces machines, ces « engins » justement, ces roues et ces poulies qui soulèvent de lourds décors, totalement artificiels, et rappellent la mécanique cartésienne. En clair : il s'agit toujours de faire un détour par l'intelligence, donc de passer par l'artificiel pour atteindre la « vraie nature », car seul l'artifice de l'intelligence nous donne accès, par-delà les apparences, à la vérité du réel que l'art doit dévoiler.

À l'opposé absolu de la clarté sacralisée par Boileau, voici ce qu'on peut lire chez Bouhours, via le personnage de Philanthe, qui défend son point de vue : « Un fond d'obscurité que rien ne saurait éclaircir figure toujours au cœur de la beauté. » Et quand Eudoxe lui demande ce qu'est alors la beauté, entendue au sens d'une « pensée délicate », Philanthe lui répond :

Quand vous me demandez ce que c'est qu'une pensée délicate, je ne sais où prendre des termes pour m'expliquer. Ce sont de ces choses qu'il est difficile de voir d'un coup d'œil et qui, à force d'être subtiles, nous échappent lorsque nous pensons les tenir.

Le sens qu'elle contient n'est pas si visible ni si marqué que le pense Eudoxe, et le « petit mystère est comme l'âme de la délicatesse des pensées, en sorte que celles qui n'ont rien de mystérieux, ni dans le fond ni dans le tour, et qui se montrent tout entières à la première vue, ne sont pas délicates proprement, quelque spirituelles [intelligentes, rationnelles] qu'elles soient par ailleurs [1] ».

Comme dira l'abbé Dubos, au siècle suivant, mais dans le même sens pascalien que son illustre prédécesseur : « Le cœur est plus ingénieux que l'esprit. » Formule où l'on voit poindre, à travers le mot « ingénieux », l'idée que l'artiste, inspiré par une autre logique que celle de la raison, est un *génie*, un créateur doué d'imagination, et pas seulement un intellectuel qui dévoile la réalité du réel par des artifices. D'où, là encore, son éloge de la métaphore, de l'équivoque et de la fiction.

1. *Ibid.*, « Second dialogue », p. 166-167.

« Dans l'esthétique du sentiment, "le cœur est plus ingénieux que l'esprit" (Bouhours). »

Selon Bouhours, qui poursuit imperturbablement sa « logique » anticlassique, certaines pensées, à force d'être vraies, en deviennent non pas belles, mais tout simplement triviales. Ainsi, selon Philanthe :

> Une princesse que nous avons connue, et qui avait l'esprit extrêmement délicat, disait que le soleil ne faisait les beaux jours que pour le peuple. [...] Cependant, la proposition semble fausse et elle n'a de beauté que par là [1].

L'exemple, aujourd'hui, peut sembler mal choisi, mais l'idée qu'il exprime est remarquable, car elle suggère, là encore à l'opposé du classicisme, qu'une image peut être belle... par sa fausseté !

Simple question de goût ?

Dans ses *Réflexions critiques sur la poésie et la peinture*, Dubos développera, dans la même perspective que Bouhours au siècle précédent, le parallèle entre l'esthétique, la réflexion sur la beauté naturelle comme sur l'œuvre d'art, et l'art culinaire. Ce rapprochement tient en un mot : dans les deux cas, il s'agit d'une simple question de goût. C'est dire que Dubos, à l'opposé là encore du dogmatisme classique, assume pleinement le subjectivisme, le relativisme des jugements de goût. Il

1. *Ibid.*, p. 195.

reprend à son compte le discours de Montesquieu sur l'esprit des nations, sur l'esprit des peuples, ce que Herder et les romantiques allemands nommeront le *Volksgeist.*

> *« Nous voilà en présence d'une opposition parfaite : d'un côté, le beau rabattu sur l'agréable et l'art rabattu sur la cuisine ; de l'autre, la possibilité de démontrer la véracité d'un jugement de goût, l'art se confondant avec la science. »*

Chez Dubos, c'est déjà le culte romantique de l'art populaire qui se profile à l'horizon, avec, en arrière-fond, un relativisme du goût qui exclut totalement la prétention classique à trancher les discussions esthétiques comme s'il s'agissait de science, de vérité et d'erreur :

> S'aviserait-on jamais, après avoir posé des principes géométriques sur la saveur et défini les qualités de chaque ingrédient qui entre dans la composition de ce mets, de discuter la proportion gardée dans leur mélange pour décider si le ragoût est bon ? On n'en fait rien [...], on goûte le ragoût, et même sans savoir ces règles, on connaît s'il est bon. Il en est de même en quelque manière des ouvrages d'esprit et des tableaux faits pour nous plaire en nous touchant. La discussion est donc inutile, fatigante pour l'écrivain et dégoûtante pour le lecteur [1].

---

1. Jean-Baptiste Dubos, *Réflexions critiques sur la poésie et la peinture*, Paris, J. Mariette, 1719, p. 341.

Voilà qui nous met encore en présence d'une antinomie parfaite, celle-là même que Kant analysera de manière si remarquable dans la *Critique de la faculté de juger* : d'un côté, le beau rabattu sur l'agréable et l'art sur la cuisine ; de l'autre, la prétention à démontrer littéralement la véracité ou la fausseté d'un jugement de goût, l'art étant considéré comme une science au même titre que les mathématiques. Kant s'attachera à montrer que ces deux points de vue sont également faux, parce que la beauté ne se confond ni avec l'agréable ni avec le vrai.

Mais laissons cela et donnons plutôt, en guise de conclusion, un exemple de ce que cette querelle théorique a pu donner plus concrètement au fil de l'histoire de l'art : la fameuse « querelle des Bouffons », largement oubliée aujourd'hui, mais célébrissime en son temps, en est l'archétype. À bien l'analyser, on verra qu'elle est extraordinairement riche d'enseignements.

Conclusion : la « querelle des Bouffons »

Cette vaste et très violente querelle entre l'esthétique classique et l'esthétique du sentiment éclate au beau milieu du XVIIIe siècle, très exactement le 1er août 1752. Dans le domaine musical, elle est sans doute la plus profonde et la plus intéressante de toutes celles qui ont jalonné l'histoire de la musique. Nous l'avons évoquée dans de précédentes leçons, mais j'y reviens encore un instant, en guise d'illustration.

Cette dispute homérique oppose ce qu'on appelle à l'époque le « camp du roi », adepte de la musique française et de Rameau, lequel est, du reste, le musicien officiel de la Cour, au « camp de la reine », qui en tient au contraire pour l'esthétique du sentiment. Rameau est le plus cartésien de tous les classiques français, le grand théoricien de l'harmonie. Or, l'harmonie, c'est la mathématique appliquée à la musique. La tierce, la quinte ou la quarte ne sont jamais que des proportions mathématiques. Dans son traité d'analyse, Rameau souligne sans cesse à quel point c'est par l'intelligence que l'auditeur peut saisir la vérité intellectuelle du « corps sonore », c'est-à-dire des vibrations sonores qui forment la réalité musicale, la nature véritable de la musique. Or, la vérité intellectuelle du corps sonore, c'est bien sûr l'harmonie mathématique. Rameau nourrira ainsi le projet grandiose d'édifier une mathématique de la musique, de produire enfin scientifiquement de la beauté musicale.

> *« Pour Rameau, l'harmonie, c'est la mathématique appliquée à la musique. La tierce, la quinte ou la quarte ne sont jamais que des proportions mathématiques. »*

En face, le camp de la reine, c'est le camp des Italiens et de Rousseau, qui va justement prendre la tête du parti anti-Rameau [7]. On y trouve des personnalités comme Diderot, d'Alembert, un des frères Grimm ou encore Holbach. Pourquoi la querelle éclate-t-elle le 1er août 1752 ? Parce que c'est à cette date qu'une troupe d'opéra italien vient donner à Paris une représentation de la *Serva padrona*, un opéra-bouffe (d'où le nom de « querelle des Bouffons ») de Pergolèse, l'un des compositeurs italiens les plus connus de l'époque. Cette représentation n'a pas lieu n'importe où, mais dans un endroit au plus haut point symbolique, à l'Opéra de Paris, qu'on appelle encore l'Académie royale de musique. Bref, au sein même du fief de Rameau. La musique italienne domine alors dans toute l'Europe et la France, déjà, entre en résistance. Résultat : la représentation fait scandale. Si j'osais, je dirais volontiers qu'il y a un petit côté Astérix dans cette histoire. Rameau est un peu le Gaulois de l'époque et l'Académie royale de musique le village d'Astérix. Alors que l'Académie voit se développer en son sein toute la théorie classique, parfaitement cartésienne, du corps sonore et de l'harmonie, l'opéra-bouffe italien vient faire sonner sous ses oreilles une musique qui repose sur un principe tout autre : celui, non de l'harmonie mathématique, mais de la mélodie censée exprimer moins la raison que les passions.

Harmonie contre mélodie : voilà bien le cœur du débat. Là où la valorisation de l'harmonie repose sur la conviction que l'essence du corps sonore est faite de mathématiques et de proportions, la mélodie apparaît, à l'inverse, comme le miroir des passions et des sentiments. Monde intelligible d'un côté, monde sensible de l'autre. Rousseau, qui est lui-même musicien – et l'auteur de plusieurs œuvres, dont un opéra, *Le Devin du village*, qui sera lui aussi représenté à Paris –, Rousseau, donc, qui est déjà bien plus romantique que classique, préfère de loin Pergolèse et le langage de l'amour qui anime l'opéra italien à cette espèce de mécanique de l'harmonie que Rameau met constamment en scène dans ses œuvres. Dans le sillage de Pascal et de cette esthétique de la délicatesse qui annonce le romantisme, Rousseau tient que, dans la musique, la mélodie, miroir de l'âme et des émotions, doit l'emporter de loin sur une harmonie rationnelle qui risque sans cesse de la « dessécher ».

La polémique, d'une incroyable violence, éclate donc le 1er août 1752. Plus de soixante pamphlets (dont un de Grimm et un autre de Diderot) sont immédiatement publiés. On s'insulte vigoureusement, on en vient même parfois aux mains. Rameau fait bastonner le malheureux Rousseau, qui réplique par sa *Lettre sur la musique française* (1753) [**8**], à laquelle Rameau répond en 1754 dans ses *Observations sur notre sentiment pour* *la musique et sur son principe.* Les uns se rangent du côté du roi, les autres de la reine, du côté de la France ou du côté de l'Italie, du côté de l'harmonie et de la raison ou, au contraire, de la mélodie, du cœur et de la passion. Cette querelle, violente dans la forme et grandiose sur le fond, connaîtra une longue postérité. Nous en reparlerons lors de notre prochaine leçon, pour montrer notamment comment Kant tentera d'apporter une solution à ce conflit du cœur et de la raison, l'œuvre d'art étant à ses yeux indissolublement sensible et intelligible. Une solution qui sera à l'origine du romantisme

L'essentiel, à ce stade, est de percevoir que cette bataille, avec ce choix toujours possible entre le cœur et la raison, ouvre la voie à la modernité esthétique. Au fond, elle est encore la nôtre. La conception classique de l'artiste voué à dévoiler des vérités continuera de vivre jusqu'à nos jours, dans le cubisme, par exemple, avec cette idée qu'il convient de briser la perspective pour atteindre à la réalité vraie, mais aussi dans la littérature, chez un grand écrivain comme Milan Kundera, par exemple, dont l'essai sur *L'Art du roman* [1] reprend largement l'idée classique que la littérature n'est pas simplement faite pour divertir ou pour susciter les élans du cœur, mais pour dévoiler de grandes vérités humaines. Comme l'écrit Kundera : « S'il est vrai que la philosophie et les sciences ont oublié l'être de l'homme, il apparaît d'autant plus nettement qu'avec Cervantès un grand art européen s'est formé qui n'est rien d'autre que l'exploration de cet être oublié. »

1. Milan Kundera, *L'Art du roman*, Gallimard, 1986.

« Cette opposition du cœur et de la raison se prolongera en vérité à travers toute la modernité. »

Sur l'autre versant, celui du cœur, nombre d'artistes continueront de penser que le beau coïncide avec l'expression des passions, notamment amoureuses. Cette vision de l'art animera l'essentiel de la chanson populaire, avec parfois cette violence sensuelle des instruments électrifiés comme pour mieux mettre en mouvement les élans passionnels ou pulsionnels. Plus encore que par la mélodie, souvent faible, a fortiori que l'harmonie, plus faible encore, c'est par le rythme que la musique populaire moderne apparaît comme la musique des passions, des passions sensuelles, pour ne pas dire sexuelles, poursuivant en cela un certain héritage, pas forcément « délicat » d'ailleurs, de l'esthétique du sentiment.

En résumé, on pourrait dire que si les protagonistes de cette révolution esthétique des XVIIe et XVIIIe siècles s'accordent pour penser que l'art est ce qui plaît à la sensibilité, ils n'en divergent pas moins fortement sur ce qu'il s'agit de rendre sensible : une vérité de raison pour les uns, les élans du cœur pour les autres. Dans tous les cas, il s'agit bien de rendre sensible le vrai, ce pourquoi, même chez les classiques, nous sommes malgré tout dans la sphère de l'esthétique et non dans celle de la science, mais le vrai, comme nous l'avons vu, n'est pas le même ici et là. Les deux visions de la beauté qui se forgent dans cette phase de préhistoire de la modernité continueront très largement de structurer l'histoire de l'art jusqu'à nos jours.

EXTRAITS

1. La conception classique : ce qui est beau est ce qui est vrai

Boileau, *Satires*, Préface pour l'édition de 1701, in *Œuvres poétiques*, Firmin-Didot frères, 1853, p. 30-33.

Je ne saurais attribuer un si heureux succès [de mes œuvres] qu'au soin que j'ai pris de me conformer toujours à ses sentiments [du public], et d'attraper, autant qu'il m'a été possible, son goût en toutes choses. C'est effectivement à quoi il me semble que les écrivains ne sauraient trop s'étudier. Un ouvrage a beau être approuvé d'un petit nombre de connaisseurs, s'il n'est plein d'un certain agrément et d'un certain sel propre à piquer le goût général des hommes, il ne passera jamais pour un bon ouvrage, et il faudra à la fin que les connaisseurs eux-mêmes avouent qu'ils se sont trompés en lui donnant leur approbation. Que si on me demande ce que c'est que cet agrément et ce sel, je répondrai que c'est un je-ne-sais-quoi, qu'on peut beaucoup mieux sentir que dire. À mon avis néanmoins, il consiste principalement à ne jamais présenter au lecteur que des pensées vraies et des expressions justes. L'esprit de l'homme est naturellement plein d'un nombre infini d'idées confuses du vrai, que souvent il n'entrevoit qu'à demi ; et rien ne lui est plus agréable que lorsqu'on lui offre quelqu'une de ces idées bien éclaircie et mise dans un beau jour. Qu'est-ce qu'une pensée neuve, brillante, extraordinaire ? Ce n'est point, comme se le persuadent les ignorants, une pensée que personne n'a jamais eue ni dû avoir ; c'est, au contraire, une pensée qui a dû venir à tout le monde, et que quelqu'un s'avise le premier d'exprimer. Un bon mot n'est bon mot qu'en ce qu'il dit une chose que chacun pensait, et qu'il la dit d'une manière vive, fine et nouvelle. [...]

Une pensée n'est belle qu'en ce qu'elle est vraie, et [...] l'effet infaillible du vrai, quand il est bien énoncé, c'est de frapper les hommes, il s'ensuit que ce qui ne frappe point les hommes n'est ni beau ni vrai, ou qu'il est mal énoncé, et que par conséquent un ouvrage qui n'est pas goûté du public est un très méchant ouvrage. Le gros des hommes peut bien durant quelque temps prendre le faux pour le vrai, et admirer de méchantes choses ; mais il n'est pas possible qu'à la longue une bonne chose ne lui plaise ; et je défie tous les auteurs les plus mécontents du public de me citer un bon livre que le public ait jamais rebuté, à moins qu'ils ne mettent en ce rang leurs écrits, de la bonté desquels eux seuls sont persuadés. J'avoue néanmoins, et on ne le saurait nier, que quelquefois, lorsque d'excellents ouvrages viennent à paraître, la cabale et l'envie trouvent moyen de les rabaisser et d'en rendre en apparence le succès douteux ; mais cela ne dure guère, et il en arrive de ces ouvrages comme d'un morceau de bois qu'on enfonce dans l'eau avec la main : il demeure au fond tant qu'on l'y retient ; mais bientôt la main venant à se lasser, il se relève et gagne le dessus. Je pourrais dire un nombre infini de pareilles choses sur ce sujet, et ce serait la matière d'un gros livre ; mais en voilà assez, ce me semble, pour marquer au public ma reconnaissance et la haute idée que j'ai de son goût et de ses jugements.

2. L'ennuyeuse régularité du classicisme

Kant, *Critique de la faculté de juger* [1790], trad. Alain Renaut, GF-Flammarion, 1995, I, Première section, p. 221-223.

Certes, des figures géométriques régulières, un cercle, un carré, un cube, etc., sont citées communément par les critiques du goût comme les plus simples et les plus indubitables exemples de la beauté ; et pourtant on ne les nomme régulières que parce que l'on ne peut pas se les représenter autrement qu'en les considérant comme de simples présentations d'un concept déterminé qui prescrit à cette figure la règle (d'après laquelle seulement cette figure est possible). Aussi faut-il que l'un de ces deux jugements soit erroné : ou bien le jugement du critique, qui consiste à attribuer de la beauté à des figures qui ont ainsi été pensées, ou bien notre jugement, qui trouve une finalité sans concept nécessaire pour la beauté.

Personne n'accordera facilement qu'un homme de goût soit nécessaire pour trouver plus de satisfaction dans la forme d'un cercle que dans un tracé griffonné, dans un quadrilatère à côtés et angles égaux plutôt que dans un quadrilatère de travers aux côtés inégaux et qui est pour ainsi dire bancal ; car cela ne relève que d'un entendement commun et il n'est ici pas besoin de goût. Là où l'on perçoit un but, par exemple celui de juger et d'apprécier la grandeur d'un emplacement, ou de faire saisir, dans une division, le rapport des parties entre elles et avec le tout, alors des figures régulières, et plus précisément celles qui sont de l'espèce la plus simple, sont nécessaires ; et la satisfaction ne repose pas immédiatement sur l'intuition de la figure, mais sur l'utilité de celle-ci pour toute sorte de projets possibles. Une pièce dont les murs forment des angles obliques, un morceau de jardin de forme semblable, et même tout manque de symétrie, aussi bien dans la configuration des animaux (par exemple le fait qu'ils soient borgnes) que dans celle des édifices ou des parterres de fleurs, déplaît parce que c'est contraire à la finalité, non seulement pratiquement, du point de vue d'un certain usage de ces choses, mais aussi pour leur appréciation de tous les points de vue possibles ; ce n'est pas le cas dans le jugement de goût, lequel, s'il est pur, associe immédiatement la satisfaction ou l'absence de satisfaction à la simple *considération* de l'objet, sans avoir égard à son usage ou sa fin.

La régularité, qui conduit au concept d'un objet, est assurément la condition indispensable (*conditio sine qua non*) pour appréhender l'objet dans une représentation unique et déterminer le divers dans la forme de celui-ci. Cette détermination est une fin, du point de vue de la connaissance ; et, sous ce rapport même, elle est toujours liée à la satisfaction (qui accompagne la réalisation de n'importe quel projet, même simplement problématique). Mais il n'y a là, dès lors, que l'approbation donnée à la solution satisfaisante d'un problème, et non pas une occupation libre, et sans fin déterminée, des facultés de l'esprit à ce que nous appelons beau, et où l'entendement est au service de l'imagination et non pas l'imagination au service de celui-ci.

Dans une chose, qui n'est possible que par un projet, dans un édifice, dans un animal même, la régularité qui consiste dans la symétrie doit exprimer l'unité de l'intuition qui accompagne le concept de la fin, et elle appartient à la connaissance. Mais là où il ne s'agit que d'entretenir un libre jeu des facultés représentatives (toutefois sous la condition que l'entendement n'en souffre nulle atteinte), dans les jardins d'agrément, la décoration d'un intérieur, un quelconque ameublement choisi avec goût, etc., la régularité, qui se révèle comme une contrainte, doit être autant que possible évitée ; de là procèdent le goût anglais en matière de jardins, le goût baroque dans le domaine des meubles, qui sans doute poussent la liberté de l'imagination jusqu'à se rapprocher du grotesque, mais qui, à travers cet affranchissement de toute contrainte appuyée sur des règles, font surgir l'occasion même en laquelle le goût peut montrer, dans les productions de l'imagination, sa plus grande perfection.

Toute régularité rigide (qui se rapproche de la régularité mathématique) contient en elle-même ce qui est contraire au goût : elle n'offre pas de quoi s'occuper longuement en sa contemplation, mais, à moins d'avoir expressément pour but la connaissance ou une fin pratique déterminée, elle ennuie. En revanche, ce avec quoi l'imagination peut jouer en faisant preuve de spontanéité et d'une manière qui est conforme à une fin est pour nous toujours nouveau et l'on ne se fatigue pas de le regarder.

3. L'empirisme et la « norme du goût »

Hume, *De la norme du goût* [1757], in *Essais esthétiques*, trad. Renée Bouveresse, GF-Flammarion, 2000, p. 126-127.

Il est naturel pour nous de chercher une norme du goût, une règle par laquelle les sentiments divers des hommes puissent être réconciliés, ou du moins, une proposition de décision, qui confirme un sentiment, et en condamne un autre.

Il y a une espèce de philosophie qui coupe court à tous les espoirs de succès d'une telle tentative, et nous représente l'impossibilité de jamais atteindre aucune norme du goût. La différence, y est-il dit, est très vaste entre le jugement et le sentiment. Tout sentiment est juste, parce que le sentiment ne renvoie à rien au-delà de lui-même et qu'il est toujours réel, partout où un homme en est conscient. Mais toutes les déterminations de l'entendement ne sont pas justes, parce qu'elles renvoient à quelque chose au-delà d'elles-mêmes, c'est-à-dire à la réalité, et qu'elles ne sont pas toujours conformes à cette norme. Parmi un millier d'opinions différentes que des hommes divers entretiennent sur le même sujet, il y en a une, et une seulement, qui est juste et vraie. Et la seule difficulté est de la déterminer et de la rendre certaine. Au contraire, un millier de sentiments différents, excités par le même objet, sont justes, parce qu'aucun sentiment ne représente ce qui est réellement dans l'objet. Il marque seulement une certaine conformité ou une relation entre l'objet et les organes ou facultés de l'esprit, et si cette conformité n'existait pas réellement, le sentiment n'aurait jamais pu, selon toute possibilité, exister. La beauté n'est pas une qualité inhérente aux choses elles-mêmes, elle existe seulement dans l'esprit qui la contemple, et chaque esprit perçoit une beauté différente. Une personne peut même percevoir de la difformité là où une autre perçoit de la beauté. Et tout individu devrait être d'accord avec son propre sentiment, sans prétendre régler ceux des autres. Chercher la beauté réelle ou la réelle laideur est une vaine enquête, comme de prétendre reconnaître ce qui est réellement doux ou ce qui est réellement amer. Selon la disposition des organes, le même objet peut être à la fois doux et amer ; et le proverbe a justement déterminé qu'il est vain de discuter des goûts. Il est très naturel, et tout à fait nécessaire, d'étendre cet axiome au goût mental, aussi bien qu'au goût physique. Et ainsi le sens commun, qui est si souvent en désaccord avec la philosophie, et spécialement avec la philosophie sceptique, se trouve, sur un exemple au moins, s'accorder avec elle pour prononcer la même décision.

4. Le morceau de cire

Descartes, *Méditations métaphysiques* [1641], GF-Flammarion, 2009, Méditation seconde, p. 101-105.

[...] je ne me puis empêcher de croire que les choses corporelles, dont les images se forment par ma pensée, et qui tombent sous les sens, ne soient plus distinctement connues que cette je ne sais quelle partie de moi-même qui ne tombe point sous l'imagination : quoiqu'en effet ce soit une chose bien étrange, que des choses que je trouve douteuses et éloignées, soient plus clairement et plus facilement connues de moi, que celles qui sont véritables et certaines, et qui appartiennent à ma propre nature. Mais je vois bien ce que c'est : mon esprit se plaît de s'égarer, et ne se peut encore contenir dans les justes bornes de la vérité. Relâchons-lui donc encore une fois la bride, afin que, venant ci-après à la retirer doucement et à propos, nous le puissions plus facilement régler et conduire.

Commençons par la considération des choses les plus communes, et que nous croyons comprendre le plus distinctement, à savoir les corps que nous touchons et que nous voyons. Je n'entends pas parler des corps en général, car ces notions générales sont d'ordinaire plus confuses, mais de quelqu'un en particulier. Prenons pour exemple ce morceau de cire qui vient d'être tiré de la ruche : il n'a pas encore perdu la douceur du miel qu'il contenait, il retient encore quelque chose de l'odeur des fleurs dont il a été recueilli ; sa couleur, sa figure, sa grandeur, sont apparentes ; il est dur, il est froid, on le touche, et si vous le frappez, il rendra quelque son. Enfin toutes les choses qui peuvent distinctement faire connaître un corps, se rencontrent en celui-ci.

Mais voici que, cependant que je parle, on l'approche du feu : ce qui y restait de saveur s'exhale, l'odeur s'évanouit, sa couleur se change, sa figure se perd, sa grandeur augmente, il devient liquide, il s'échauffe, à peine le peut-on toucher, et quoiqu'on le frappe, il ne rendra plus aucun son. La même cire demeure-t-elle après ce changement ? Il faut avouer qu'elle demeure ; et personne ne le peut nier. Qu'est-ce donc que l'on connaissait en ce morceau de cire avec tant de distinction ? Certes ce ne peut être rien de tout ce que j'y ai remarqué par l'entremise des sens, puisque toutes les choses qui tombaient sous le goût, ou l'odorat, ou la vue, ou l'attouchement, ou l'ouïe, se trouvent changées, et cependant la même cire demeure. Peut-être était-ce ce que je pense maintenant, à savoir que la cire n'était pas ni cette douceur du miel, ni cette agréable odeur des fleurs, ni cette blancheur, ni cette figure, ni ce son, mais seulement un corps qui un peu auparavant me paraissait sous ces formes, et qui maintenant se fait remarquer sous d'autres. Mais qu'est-ce, précisément parlant, que j'imagine, lorsque je la conçois en cette sorte ? Considérons-le attentivement, et éloignant toutes les choses qui n'appartiennent point à la cire, voyons ce qui reste. Certes il ne demeure rien que quelque chose d'étendu, de flexible et de muable. Or qu'est-ce que cela : flexible et muable ? N'est-ce pas que j'imagine que cette cire étant ronde est capable de devenir carrée, et de passer du carré en une figure triangulaire ? Non certes, ce n'est pas cela, puisque je la conçois capable de recevoir une infinité de semblables changements, et je ne saurais néanmoins parcourir cette infinité par mon imagination, et par conséquent cette conception que j'ai de la cire ne s'accomplit pas par la faculté d'imaginer. Qu'est-ce maintenant que cette extension ? N'est-elle pas aussi inconnue, puisque dans la cire qui se fond elle augmente, et se trouve encore plus grande quand elle est entièrement fondue, et beaucoup plus encore quand la chaleur augmente davantage ? Et je ne concevrais pas clairement et selon la vérité ce que c'est que la cire, si je ne pensais qu'elle est capable de recevoir plus de variétés selon l'extension, que je n'en ai jamais imaginé. Il faut donc que je tombe d'accord, que je ne saurais pas même concevoir par l'imagination ce que c'est que cette cire, et qu'il n'y a que mon entendement seul qui le conçoive. Je dis ce morceau de cire en particulier, car pour la cire en général, il est encore plus évident. Or quelle est cette cire, qui ne peut être conçue que par l'entendement ou l'esprit ? Certes c'est la même que je vois, que je touche, que j'imagine, et la même que je connaissais dès le commencement. Mais ce qui est à remarquer, sa perception, ou bien l'action par laquelle on l'aperçoit, n'est point une vision, ni un attouchement, ni une imagination, et ne l'a jamais été, quoiqu'il le semblât ainsi auparavant, mais seulement une inspection de l'esprit, laquelle peut être imparfaite et confuse, comme elle était auparavant, ou bien claire et distincte, comme elle est à présent, selon que mon attention se porte plus ou moins aux choses qui sont en elle, et dont elle est composée.

Cependant je ne me saurais trop étonner, quand je considère combien mon esprit a de faiblesse, et de pente qui le porte insensiblement dans l'erreur. Car encore que sans parler je considère tout cela en moi-même, les paroles toutefois m'arrêtent, et je suis presque trompé par les termes du langage ordinaire ; car nous disons que nous voyons la même cire, si on nous la présente, et non pas que nous jugeons que c'est la même, de ce qu'elle a même couleur et même figure ; d'où je voudrais presque conclure, que l'on connaît la cire par la vision des yeux, et non par la seule inspection de l'esprit, si par hasard je ne regardais d'une fenêtre des hommes qui passent dans la rue, à la vue desquels je ne manque pas de dire que je vois des hommes, tout de même que je dis que je vois de la cire ; et cependant que vois-je de cette fenêtre, sinon des chapeaux et des manteaux, qui peuvent couvrir des spectres ou des hommes feints qui ne se remuent que par ressorts ? Mais je juge que ce sont de vrais hommes ; et ainsi je comprends, par la seule puissance de juger qui réside en mon esprit, ce que je croyais voir de mes yeux.

5. « Un art en général est un recueil de règles »

Abbé Charles Batteux, *Les Beaux-Arts réduits à un même principe* [1746], in *Cours de Belles-Lettres ou Principes de littérature*, Paris, H. Casterman, 1861, p. 2-9.

Un art en général est une collection ou un recueil de règles pour faire bien, ce qui peut être fait bien ou mal : car ce qui peut être fait que bien ou que mal n'a pas besoin d'art.

Ces règles ne sont que des principes généraux, tirés d'observations particulières plusieurs fois répétées, et toujours vérifiées par la répétition. Par exemple, on a observé qu'un orateur indisposait ses auditeurs, lorsque, en commençant, il montrait de l'orgueil, de l'impudence ; on en a tiré la règle générale qui veut que tout exorde soit modeste. Ainsi toute observation renferme un précepte, et tout précepte naît d'une observation. [...]

La peinture imite la belle nature par les couleurs, la sculpture par les reliefs, la danse par les mouvements et par les attitudes du corps ; la musique l'imite par les sons inarticulés, et la poésie enfin par la parole mesurée. Voilà les caractères distinctifs des arts principaux. [...]

Il y a ici une chose à remarquer : c'est que, de même que les arts doivent choisir les dessins de la nature et les perfectionner, ils doivent choisir aussi et perfectionner les expressions qu'ils empruntent de la nature. Ils ne doivent point employer toutes sortes de couleurs, ni toutes sortes de sons : il faut en faire un juste choix et un mélange exquis ; il faut les allier, les proportionner, les nuancer, les mettre en harmonie. Les couleurs et les sons ont entre eux des sympathies et des répugnances : la nature a droit de les unir selon ses volontés, mais l'art doit le faire selon les règles. Il faut non seulement qu'il ne blesse point le goût, mais qu'il le flatte, et le flatte autant qu'il peut être flatté.

6. Le cœur contre la raison

Dominique Bouhours, *La Manière de bien penser dans les ouvrages d'esprit* [1687], Paris, Les Libraires associés, 1771, « Premier dialogue », p. 1-4.

Eudoxe et Philante, qui parlent dans ces Dialogues, sont deux hommes de lettres que la science n'a point gâtés, et qui n'ont guère moins de politesse que d'érudition. Quoiqu'ils aient fait les mêmes études, et qu'ils sachent à peu près les mêmes choses, le caractère de leur esprit est bien différent. Eudoxe a le goût très bon, et rien ne lui plaît dans les ouvrages ingénieux qui ne soit raisonnable et naturel. Il aime fort les Anciens, surtout les auteurs du siècle d'Auguste, qui, selon lui, est le siècle du bon sens. Cicéron, Virgile, Tite-Live, Horace, sont ses héros.

Pour Philante, tout ce qui est fleuri, tout ce qui brille, le charme. Les Grecs et les Romains ne valent pas à son gré les Espagnols et les Italiens. Il admire, entre autres, Lope de Vega et Le Tasse ; et il est si entêté de *La Jérusalem délivrée* qu'il la préfère sans façon à l'*Iliade* et à l'*Énéide*. À cela près, il a de l'esprit, il est honnête homme, et il est même ami d'Eudoxe. Leur amitié ne les empêche pas de se faire souvent la guerre [...].

Philante alla voir [Eudoxe] l'automne dernier, selon sa coutume. Il le trouva se promenant seul dans un petit bois et lisant les *Doutes sur la langue française, proposés à Messieurs de l'Académie par un gentilhomme de Province*[1].

---

1. Un ouvrage écrit par l'abbé Bouhours lui-même et publié en 1674.

Philante, qui sait plus la langue par l'usage que par les règles, fit d'abord la guerre à Eudoxe sur sa lecture.

« Que voulez-vous faire de ce Provincial ? lui dit-il. Un homme comme vous n'a qu'à suivre son génie pour bien parler et pour bien écrire. »

« Je vous assure, répondit Eudoxe, que le génie tout seul ne va pas loin, et qu'on est en danger de faire cent fautes contre l'usage si on ne fait des réflexions sur l'usage même. Les doutes du Provincial sont raisonnables, et plus je les lis, plus ils me semblent nécessaires. »

« Pour moi, dit Philante, j'aimerais mieux ses réflexions sur les pensées des auteurs ; car il est, ce me semble, encore plus nécessaire de bien penser que de bien parler ; ou plutôt on ne peut parler, ni écrire correctement, à moins qu'on ne pense juste. » [...]

« En examinant les choses de près, [reprit Eudoxe], il m'a paru que les pensées qui ont quelquefois le plus d'éclat dans les compositions spirituelles, ne sont pas toujours fort solides. »

« Je meurs de peur, interrompit brusquement Philante, qu'à force de lire le livre des *Doutes*, vous n'ayez appris à douter de tout, et que ce Provincial délicat jusqu'au scrupule, ne vous ait communiqué quelque chose de son esprit. »

« Ce n'est pas sur le Provincial que je me suis réglé, repartit Eudoxe, c'est sur le bon sens qu'il prend lui-même pour la règle, dans ce qui ne dépend pas précisément de l'usage : car il ne faut que consulter la raison, pour n'approuver pas certaines pensées que tout le monde presque admire. »

7. La « querelle des Bouffons »

Rousseau, *Lettre sur la musique française*, Avertissement à la seconde édition (1753), GF-Flammarion, 1993, p. 137-139.

La querelle excitée l'année dernière à l'Opéra n'ayant abouti qu'à des injures, dites d'un côté avec beaucoup d'esprit, et de l'autre avec beaucoup d'animosité, je n'y voulus prendre aucune part, car cette espèce de guerre ne me convenait en aucun sens, et je sentais bien que ce n'était pas le temps de ne dire que des raisons. Maintenant que les Bouffons sont congédiés, ou près à l'être, et qu'il n'est plus question de cabales, je crois pouvoir hasarder mon sentiment, et je le dirai avec ma franchise ordinaire, sans craindre en cela d'offenser personne : il me semble même que, sur un pareil sujet, toute précaution serait injurieuse pour les lecteurs ; car j'avoue que j'aurais fort mauvaise opinion d'un peuple qui donnerait à des chansons une importance ridicule, qui ferait plus de cas de ses musiciens que de ses philosophes, et chez lequel il faudrait parler de musique avec plus de circonspection que des plus graves sujets de morale.

C'est par la raison que je viens d'exposer que, quoique quelques-uns m'accusent, à ce qu'on dit, d'avoir manqué de respect à la musique française dans ma première édition, le respect beaucoup plus grand et l'estime que je dois à la nation m'empêchent de rien changer à cet égard dans celle-ci.

Une chose presque incroyable, si elle regardait tout autre que moi, c'est qu'on ose m'accuser d'avoir parlé de la langue avec mépris dans un ouvrage où il n'en peut être question que par rapport à la musique. Je n'ai pas changé là-dessus un seul mot dans cette édition ; ainsi, en la parcourant de sens froid, le lecteur pourra voir si cette accusation est juste. Il est vrai que, quoique nous ayons eu d'excellents poètes, et même quelques musiciens qui n'étaient pas sans génie, je crois notre langue peu propre à la poésie, et point du tout à la musique. Je ne crains pas de m'en rapporter sur ce point aux poètes mêmes ; car, quant aux musiciens, chacun sait qu'on peut se dispenser de les consulter sur toute affaire de raisonnement. En revanche, la langue française me paraît celle des philosophes et des sages : elle semble faite pour être l'organe de la vérité et de la raison. Malheur à quiconque offense l'une ou l'autre dans des écrits qui la déshonorent ! Quant à moi, le plus digne hommage que je croie pouvoir rendre à cette belle et sage langue, dont j'ai le bonheur de faire usage, est de tâcher de ne la point avilir.

Quoique je ne veuille et ne doive point changer de ton avec le public, que je n'attende rien de lui, et que je me soucie tout aussi peu de ses satires que de ses éloges, je crois le respecter beaucoup plus que cette foule d'écrivains mercenaires et dangereux qui le flattent pour leur intérêt. Ce respect, il est vrai, ne consiste pas dans de vains ménagements qui marquent l'opinion qu'on a de la faiblesse de ses lecteurs, mais à rendre hommage à leur jugement, en appuyant par des raisons solides le sentiment qu'on leur propose ; et c'est ce que je me suis toujours efforcé de faire. Ainsi, de quelque sens qu'on veuille envisager les choses, en appréciant équitablement toutes les clameurs que cette lettre a excitées, j'ai bien peur qu'à la fin mon plus grand tort ne soit d'avoir raison ; car je sais trop que celui-là ne me sera jamais pardonné.

8. Rousseau et Rameau : deux théories musicales au XVIIIe siècle

Rousseau, *Examen de deux principes avancés par Monsieur Rameau dans sa brochure intitulée « Erreurs sur la musique dans l'Encyclopédie »* [1755], GF-Flammarion, 1993, p. 193-195 et 203-206.

C'est toujours avec plaisir que je vois paraître de nouveaux écrits de M. Rameau : de quelque manière qu'ils soient accueillis du public, ils sont précieux aux amateurs de l'art, et je me fais honneur d'être de ceux qui tâchent d'en profiter. Quand cet illustre artiste relève mes fautes, il m'instruit, il m'honore, je lui dois des remerciements ; et comme en renonçant aux querelles qui peuvent troubler ma tranquillité, je ne m'interdis point celles de pur amusement, je discuterai par occasion quelques points qu'il décide, bien sûr d'avoir toujours fait une chose utile, s'il en peut résulter de sa part de nouveaux éclaircissements. C'est même entrer en cela dans les vues de ce grand musicien, qui dit qu'on ne peut contester les propositions qu'il avance que pour lui fournir les moyens de les mettre dans un plus grand jour ; d'où je conclus qu'il est bon qu'on les conteste. [...]

Je remarque dans les *Erreurs sur la musique* deux [...] principes importants. Le premier, qui a guidé M. Rameau dans tous ses écrits, et qui pis est dans toute sa musique, est que l'harmonie est l'unique fondement de l'art, que la mélodie en dérive, et que tous les grands effets de la musique naissent de la seule harmonie.

L'autre principe, nouvellement avancé par M. Rameau, et qu'il me reproche de n'avoir pas ajouté à ma définition de l'accompagnement, est que cet *accompagnement représente le corps sonore.* J'examinerai séparément ces deux principes. Commençons par le premier et le plus important, dont la vérité ou la fausseté démontrée doit servir en quelque manière de base à tout l'art musical. [...]

M. Rameau prétend que tout le charme, toute l'énergie de la musique est dans l'harmonie, que la mélodie n'y a qu'une part subordonnée et ne donne à l'oreille qu'un léger et stérile agrément. Il faut l'entendre raisonner lui-même. Ses preuves perdraient trop à être rendues par un autre que lui.

Tout chœur de musique, dit-il, *qui est lent et dont la succession harmonique est bonne, plaît toujours sans le secours d'aucun dessin, ni d'une mélodie qui puisse affecter d'elle-même ; et ce plaisir est tout autre que celui qu'on éprouve ordinairement d'un chant agréable ou simplement vif et gai.* (Ce parallèle d'un chœur lent et d'un air vif et gai me paraît assez plaisant.) *L'un se rapporte directement à l'âme* (notez bien que c'est le grand chœur à quatre parties), *l'autre ne passe pas le canal de l'oreille.* (C'est le chant, selon M. Rameau.) *J'en appelle encore à* L'Amour triomphe [1], *déjà cité plus d'une fois.* (Cela est vrai.) *Que l'on compare le plaisir qu'on éprouve à celui que cause un air, soit vocal, soit instrumental.* J'y consens. Qu'on me laisse choisir la voix et l'air sans me restreindre au seul mouvement vif et gai, car cela n'est pas juste, et que M. Rameau vienne de son côté avec son chœur *L'Amour triomphe*, et tout ce terrible appareil d'instruments et de voix : il aura beau se choisir

1. Chœur du *Pygmalion* de Rameau.

des juges qu'on n'affecte qu'à force de bruit, et qui sont plus touchés d'un tambour que du rossignol, ils seront hommes enfin. Je n'en veux pas davantage pour leur faire sentir que les sons les plus capables d'affecter l'âme ne sont point ceux d'un chœur de musique.

L'harmonie est une cause purement physique ; l'impression qu'elle produit reste dans le même ordre ; des accords ne peuvent qu'imprimer aux nerfs un ébranlement passager et stérile ; ils donneraient plutôt des vapeurs que des passions. [...]

Les plus beaux accords, ainsi que les plus belles couleurs, peuvent porter aux sens une impression agréable et rien de plus. Mais les accents de la voix passent jusqu'à l'âme, car ils sont l'expression naturelle des passions et, en les peignant, ils les excitent. C'est par eux que la musique devient oratoire, éloquente, imitative, ils en forment le langage ; c'est par eux qu'elle peint à l'imagination les objets, qu'elle porte au cœur les sentiments. La mélodie est dans la musique ce qu'est le dessin dans la peinture, l'harmonie n'y fait que l'effet des couleurs. C'est par le chant, non par les accords, que les sons ont de l'expression, du feu, de la vie ; c'est le chant seul qui leur donne les effets moraux qui font toute l'énergie de la musique. En un mot, le seul physique de l'art se réduit à bien peu de chose, et l'harmonie ne passe pas au-delà. [...]

Le second principe avancé par M. Rameau, et duquel il me reste à parler, est que *l'harmonie représente le corps sonore*. [...]

L'harmonie représente le corps sonore ! Ce mot de *corps sonore* a un certain éclat scientifique, il annonce un physicien dans celui qui l'emploie : mais en musique que signifie-t-il ? Le musicien ne considère pas le corps sonore en lui-même, il ne le considère qu'en action.

Or, qu'est-ce que le corps sonore en action ? C'est le son : l'harmonie représente donc le son. Mais l'harmonie accompagne le son. Le son n'a donc pas besoin qu'on le représente, puisqu'il est là. Si ce galimatias paraît risible, ce n'est pas ma faute assurément.

BIBLIOGRAPHIE

Sur le classicisme et la querelle de l'esthétique du sentiment, je recommande avant tout l'excellent livre déjà cité de Catherine Kintzler, *Jean-Philippe Rameau. Splendeur et naufrage de l'esthétique du plaisir à l'âge classique*, Paris, Le Sycomore, 1983. On y trouvera des considérations fort intéressantes sur la querelle des Bouffons, mais aussi sur l'art des jardins et les différentes conceptions de la nature qui s'affrontent à l'époque.

Pour retrouver les idées exposées ici même, je renvoie mon lecteur à mes livres consacrés à l'esthétique, notamment *Homo æstheticus*, Grasset, « Le Collège de philosophie », 1990.

Les ouvrages des principaux protagonistes de la querelle du classicisme et de l'esthétique du sentiment – Bouhours, Dubos, Boileau, etc. – sont cités dans le corps du texte.

Sur l'histoire de l'esthétique en général, on lira avec profit le chapitre consacré à ce sujet dans la *Philosophie des Lumières* d'Ernst Cassirer, Fayard, 1983. Il faut cependant faire attention avec ce livre, passionnant certes, mais qui comprend malgré tout des erreurs parfois énormes (Cassirer se trompe notamment d'un siècle sur la date de naissance de certains des auteurs qu'il commente, manifestement de seconde main, ce qui conduit parfois à fausser son interprétation de la différence entre le XVIIe et le XVIIIe siècle).

TABLE

DES CLÉS POUR COMPRENDRE : PROTAGONISTES ET CONTEXTE 9
Le cœur contre la raison : les protagonistes 11
Bref retour sur la naissance de l'esthétique : toucher la subjectivité 15

LA QUERELLE DU CLASSICISME ET DU SENTIMENT 19
Le cartésianisme esthétique des classiques 21
L'art baroque et l'empirisme opposés aux classiques 24
Au cœur de l'antinomie du goût....................... 33

L'ART COMME ARTIFICE 47
Quatre traits caractéristiques du classicisme 49
L'esthétique du sentiment et de la délicatesse : le cœur contre la raison, Pascal contre Descartes 55
L'artifice.. 57
Simple question de goût ? 59

CONCLUSION : LA « QUERELLE DES BOUFFONS » 63

EXTRAITS 71
1. La conception classique : ce qui est beau est ce qui est vrai 71
2. L'ennuyeuse régularité du classicisme 74
3. L'empirisme et la « norme du goût » 77
4. Le morceau de cire 79
5. « Un art en général est un recueil de règles ». 83
6. Le cœur contre la raison 85
7. La « querelle des Bouffons » 87
8. Rousseau et Rameau : deux théories musicales au XVIIIe siècle 89

Bibliographie 93

Mise en page par Meta-systems - 59100 Roubaix

Achevé d'imprimer en février 2013
sur les presses de Grafica Veneta, Italie.

N° édition : L.01EHBN000480.N001